CONTRÔLEUR DE GESTION : LES OUTILS POUR COMMUNIQUER MIEUX

Groupe Eyrolles
61, bd Saint-Germain
75240 Paris Cedex 05

www.editions-eyrolles.com

ISBN : 978-2-212-56310-8

Catherine Duban-Doyard
Caroline Selmer
Martine Trabelsi

CONTRÔLEUR DE GESTION : LES OUTILS POUR COMMUNIQUER MIEUX

65 fiches pratiques

EYROLLES

Sommaire

PARTIE 2
PRATIQUER LA COMMUNICATION

Partie 3

POUR ALLER PLUS LOIN DANS LA COMMUNICATION

Introduction

POURQUOI CE LIVRE ?

Une des missions principales du contrôleur de gestion dans l'entreprise est de contribuer à l'amélioration de la performance. En tant que **co-pilote** des managers opérationnels ou fonctionnels qu'il accompagne, le contrôleur de gestion n'est pas aux manettes directes pour prendre les décisions et agir pour améliorer la performance. Ce sont ces managers qui se trouvent aux commandes. Le contrôleur de gestion les aide à mieux prévoir leur performance, mieux la mesurer et les pousse à agir pour garantir l'atteinte de leurs objectifs. Il fait donc partie des fonctions supports qui doivent se positionner comme de véritables **Business Partners**, rôle qui donne une vraie valeur ajoutée à leur mission.

Son rôle ne peut donc pas seulement reposer sur la maîtrise technique d'outils d'extraction des données, de virtuosité dans le maniement de tableurs (certains parlent d'« EXCELler »). Pour agir en véritable Business Partner, il se doit d'adopter une posture qui lui permette d'instaurer la confiance, de s'adapter à ses différents interlocuteurs, d'être capable de les challenger et les motiver avec tact et entrain.

C'est grâce à ses **compétences relationnelles et de communication** que le contrôleur de gestion augmentera la **valeur ajoutée de sa fonction** pour passer d'un rôle de producteur de chiffres, où il risque d'être souvent cantonné, à un rôle de véritable **consultant, voire de coach interne**.

Cette dimension relationnelle de communication enrichit considérablement le métier quand on réussit à en mettre en œuvre toutes les facettes, lui en donne sa chair au-delà d'une structure faite de budget, de reporting ou de plans d'optimisation…

La communication n'est cependant pas un outil nouveau pour le contrôleur de gestion, puisqu'à la manière de Monsieur Jourdain, il l'utilise et la pratique au quotidien :

- que ce soit en situation formelle (réunion, entretien…) ou informelle (devant la machine à café ou à la cantine) ;
- que ce soit en mode écrit (mails ou reporting) ou oral (présentations en CODIR par exemple).

Les occasions de communiquer sont donc multiples et variées. Cependant, certains savent manier l'art de la communication mieux que d'autres, tout le monde n'a pas des compétences d'orateur ni un charisme inné.

Comme toute compétence, la communication s'appuie cependant sur des **fondamentaux dont la connaissance et la mise en œuvre dans la pratique permettent de progresser.** C'est tout l'objectif de cet ouvrage. Il a été conçu pour donner aux contrôleurs de gestion des outils pratiques, sous forme de fiches abordant chacune un thème de communication. Cela leur permettra d'être plus performants dans la pratique de leur métier.

Cet ouvrage et sa facilité de consultation nous tenaient particulièrement à cœur car nous voulions en effet **faire profiter les contrôleurs de gestion de tout ce que nous avons pu découvrir ou consolider en devenant consultantes en formation, métier de communication par excellence.**

Avec le recul, nous avons ainsi parfois regretté de ne pas avoir eu ces clés dans notre vie professionnelle précédente, ce qui nous aurait permis de gagner du temps ou de sortir de situations compliquées. Nous sommes en effet toutes les trois passées par le métier du contrôle de gestion avant de devenir consultantes. Nous en avons gravi les échelons, l'avons exercé en France comme à l'international, dans des petites structures autant que dans des grands groupes cotés. Nous en connaissons donc bien le contenu, le contexte, les obligations, et les contraintes…

Quels que soient les univers, la place dans la hiérarchie, la taille de l'entreprise, nous sommes convaincues de l'utilité de ces outils pour les contrôleurs. Cet enthousiasme est renforcé par l'accueil que nous rencontrons dans les formations que nous animons sur ce thème avec des contrôleurs de gestion venant de tous horizons.

L'ouvrage a été divisé en 3 parties qui correspondent au cycle naturel d'une communication performante :

1. Pour gagner en efficacité, la préparation de la communication est une étape primordiale.
2. C'est ensuite dans la pratique de la communication que la mise en œuvre de certains principes garantit également l'atteinte des objectifs que l'on s'est fixés.
3. C'est, enfin, une fois ces principes maîtrisés, que l'on peut s'attacher à aller plus loin. La progression en communication est toujours possible. Les bons principes peuvent parfois s'oublier sous le coup du stress, qui fait souvent partie de la vie d'un contrôleur de gestion.

Nous espérons que chacun pourra puiser parmi les outils présentés… en fonction de sa maîtrise du sujet, de son expérience, de ses enjeux… Notre objectif sera atteint si chacun y trouve quelques clés pour l'aider à progresser. En matière de communication, chacun doit avant tout se sentir à l'aise et non pas contraint par un modèle. Tous les outils présentés ne vous conviendront donc pas forcément. À vous de choisir et/ou d'essayer… La maîtrise passe par l'entrainement !

Prêt à vous prêter au jeu, à ouvrir l'ouvrage par ce qui vous attire, à revenir en arrière, à aller voir la dernière page, à expérimenter ?… dans l'objectif de **toujours mieux communiquer dans votre entreprise.**

En communication, le feedback est important ! Nous comptons donc sur vous pour nous faire partager vos réactions, vos retours d'expériences : http ://www.leblogdesfinanciers.fr/

Caroline, Catherine et Martine

PARTIE 1

PRÉPARER SA COMMUNICATION

Fiche 1 FORMALISER LES MISSIONS

Le contrôleur de gestion a besoin de formaliser les missions de son propre département mais aussi des services qui gravitent autour de lui afin de pouvoir établir un système de prévisions et de suivi pertinent. Pour ce faire, il doit disposer d'une méthodologie pour définir précisément les missions.

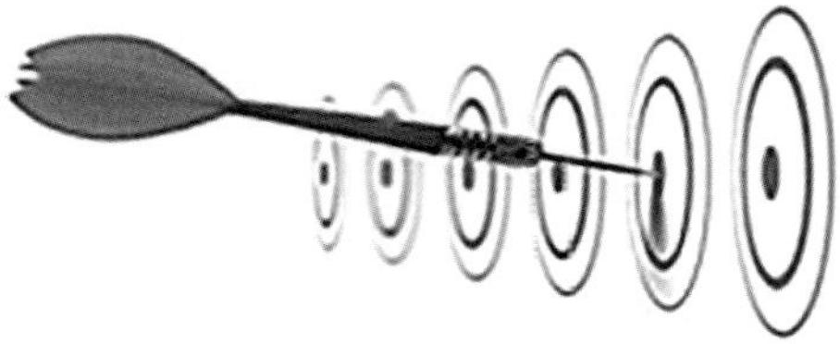

FORMALISER LES MISSIONS

Il faut se poser la question suivante : pour quelle finalité la fonction existe-t-elle ? La mission est définie par rapport aux attentes des clients internes et externes. Elle doit être claire pour tous et attribuée à une seule fonction. Il existe des missions permanentes mais aussi des missions ponctuelles qui doivent être mises en valeur car souvent consommatrices de temps pour les personnes qui travaillent dans la fonction.

> *Exemple : assurer l'approvisionnement de l'unité de reconditionnement dans les meilleures conditions de coût, délais et qualité.*

Définir les domaines de contribution

Cela revient à se demander quels sont les principaux résultats attendus pour cette fonction. Il est souvent pertinent de poser la question aux personnes travaillant dans la fonction mais aussi à ses clients.

Exemple : diminuer les stocks, respecter l'enveloppe des achats...

Préciser les actions et les tâches

Que fait-on dans la fonction ? Il convient de voir avec les personnes travaillant dans la fonction leurs principales actions et tâches.

Exemple : gérer l'effectif des approvisionneurs, passer les commandes, choisir les fournisseurs, optimiser le matériel et les locaux de stockage.

Chaque contribution principale doit être une expression regroupant :

- un verbe d'impact qui traduit la nature de la contribution ;
- un domaine de contribution ;
- des actions principales, des contraintes ou des liaisons : cela apporte des précisions, clarifie le champ d'autonomie et fait apparaître des liaisons.

Conseils

Utiliser les verbes suivants :

- *S'assurer, maintenir, veiller, garantir...* lorsque le titulaire peut être tenu pour seul responsable de l'obtention du résultat en question.
- *Contribuer, participer, concourir...* lorsque le titulaire partage avec d'autres la responsabilité de l'obtention du résultat en question.

Éviter les pièges les plus courants

- Des missions floues.
- Un niveau de tâches trop détaillé.

Fiche 2 REPÉRER LES ATTITUDES SPONTANÉES

Le contrôleur de gestion doit être en mesure de repérer les attitudes spontanées en matière de communication, soit pour lui-même, soit pour ses interlocuteurs, ce qui lui permet d'adapter son mode de communication et d'éviter les pièges.

Il existe six attitudes spontanées que l'on retrouve dans le schéma ci-dessous. Les trois premières font que l'on est centré sur soi-même ; elles influencent fortement l'échange. Les trois autres font que l'on est centré sur l'autre ; elles influencent faiblement l'échange.

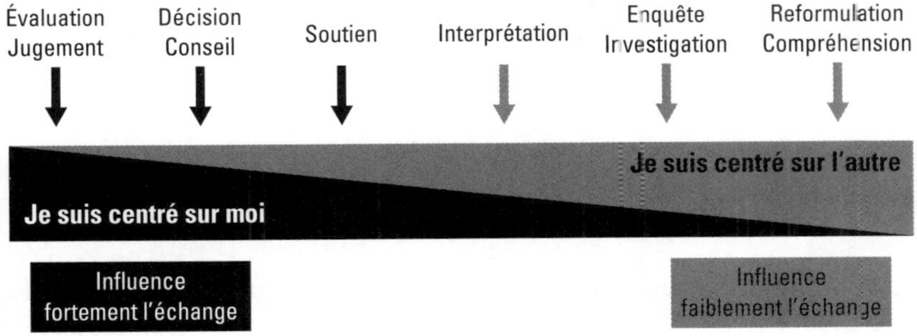

L'ÉVALUATION, LE JUGEMENT

On porte un jugement de valeur sur ce qui est dit, sur ce que l'autre pense. On évalue par rapport à son propre modèle. On est alors fermé à ce que l'autre exprime puisque tout ce qu'il dit est filtré, voire déformé par sa propre vision des choses. L'autre se sent jugé et peut ainsi ne pas pouvoir dialoguer.

Exemple : « Votre analyse du chiffre d'affaires n'est pas bonne ! »

La décision, le conseil

On suggère, on ordonne. On dit à l'autre ce qu'il devrait faire. Très souvent cette attitude s'accompagne d'un ton cassant qui rajoute encore un ton négatif et pénalise l'échange.

> *Exemple : « Reprenez les chiffres et comparez le chiffre d'affaires avec celui de notre concurrent. »*

Le soutien

On encourage, on rassure, on console et on minimise la gravité.

> *Exemple : « Votre analyse aurait pu intégrer les données sur le concurrent et le marché ; vous le ferez la prochaine fois ce qui permettra de prévoir des actions commerciales encore plus pertinentes. »*

L'interprétation

On communique sur une signification, que l'autre n'aurait pas perçue, ou qui lui échappe. On cherche à expliquer, à rendre les raisons intelligibles.

> *Exemple : « Vous auriez pu mettre en évidence le fait que la croissance du chiffre d'affaires de 3 % est une belle performance malgré les prévisions budgétaires à 5 %, car dans le même temps la croissance du marché prévue à 5 % n'a été en réalité que de 1 %. »*

L'enquête, l'investigation

On cherche de l'information. On pose des questions. L'entretien est orienté vers des informations que l'interlocuteur n'a pas fournies spontanément.

> *Exemple : « Avez-vous regardé l'évolution du marché pour donner du sens à l'augmentation du chiffre d'affaires ? »*

La reformulation, la compréhension

On essaie de comprendre l'autre de la manière la plus précise possible : sa pensée, ses sentiments, ses propres références, le sens qu'il attribue à ses propos. On essaie de faire abstraction de ses préjugés, de ses stéréotypes et de ses jugements. L'intention de comprendre l'autre est authentique.

Conseils

- S'entraîner à la reformulation.
- Reformuler prouve que l'on fait preuve d'écoute active.
- Montrer sa compréhension de l'opinion de l'autre, de son point de vue favorise une relation constructive.

Éviter les pièges les plus courants

Avoir tendance à juger. Souvent le contrôleur de gestion a tendance à qualifier les chiffres : « Les résultats sont mauvais » ; « L'évolution est négative ». Attention à ne pas avoir des jugements trop péremptoires !

Fiche 3 CHOISIR UN OBJECTIF ET SA STRATÉGIE

Le but de la communication, qu'elle soit écrite ou orale, est de faire **passer un message** et pas seulement de parler d'un sujet.

Il s'agit de définir clairement le message et ensuite d'adapter sa stratégie pour garantir que le message est passé.

CHOISIR SON OBJECTIF

En phase de préparation, il est important de bien cerner son objectif de communication pour être sûr de l'atteindre.

Qu'est-ce qui est important que mon interlocuteur ou mon auditoire retienne à la fin de notre échange ou de la lecture de mon écrit ?

Qu'est-ce que j'attends de lui ou d'eux :

- Est-ce que j'attends qu'ils prennent une décision ?
- Est-ce que je veux les initier à un sujet ou compléter leurs connaissances ?
- Est-ce que je veux les alerter ?

En résumé, à l'issue de la préparation, il faut définir ce que l'orateur souhaite que son auditoire ou ses lecteurs sachent, pensent ou fassent.

ADAPTER SA STRATÉGIE

En fonction de cet objectif, il faudra ensuite élaborer une stratégie qui tienne compte de l'orateur ou du rédacteur, de son auditoire, de son interlocuteur ou de son lecteur, du contexte et du sujet.

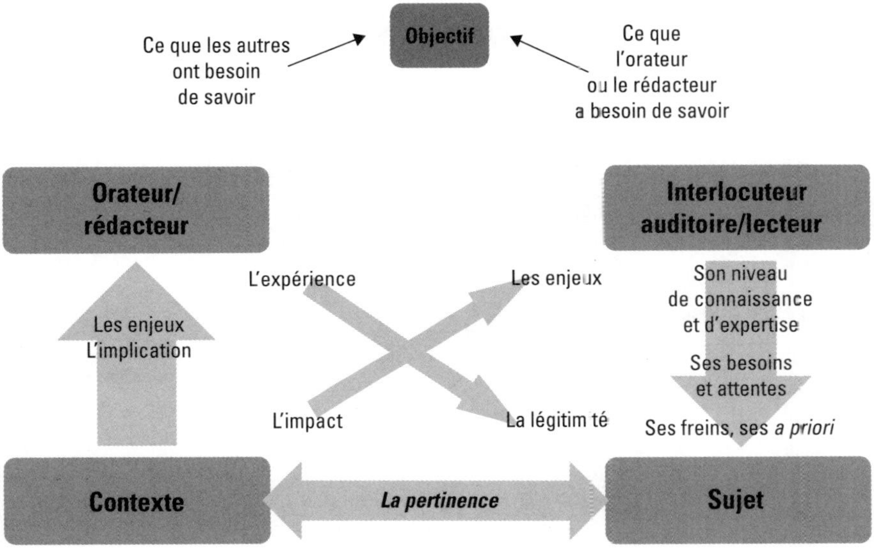

En phase de préparation, il s'agit en effet de clarifier :

- les **besoins**, les **attentes** de ses interlocuteurs pour cibler les thèmes qui vont plus particulièrement les intéresser ;
- les **freins** et les éventuels ***a priori*** de la cible pour se préparer à d'éventuelles questions gênantes ou y répondre au cours de sa présentation, dans son écrit ou lors de son échange ;
- le **niveau de connaissance** ou **d'expertise** du public visé pour éviter de faire un discours d'experts à des non-initiés ou une présentation de vulgarisation à des spécialistes ;
- la **légitimité** de l'orateur ou du rédacteur tirée de son expérience qui lui permet d'apporter à sa cible des informations qui lui sont utiles ;
- le **contexte** dans lequel intervient cette présentation, cet écrit ou cet échange : pourquoi il est pertinent d'en parler maintenant en ayant compris les éventuels enjeux pour l'émetteur du message ou l'impact sur les destinataires que pourrait avoir le sujet abordé.

Analyser les liens entre ces différents éléments permet de mettre en lumière une stratégie gagnante qui permettra de :

- sélectionner les informations utiles ;

- regrouper ces informations pour qu'elles répondent aux besoins de l'autre ;
- mettre en forme ces informations pour être le plus clair possible.

Conseils

Cette phase préparatoire est également utile pour identifier **les 4P** à mettre en avant **dans l'introduction** de la présentation ou de l'échange :

- **P**ourquoi moi ?
- **P**ourquoi ce sujet ici et maintenant ?
- **P**ourquoi vous ?
- **P**résentation du plan

Fiche 4

SITUER LES STYLES DE COMMUNICANT

Le modèle de Ned Hermann

Ned Hermann (1922-1999) a mis au point le modèle des préférences cérébrales en s'appuyant sur les recherches concernant le cerveau menées par Roger Wolcott Sperry sur les hémisphères cérébraux et par Paul D. MacLean dont la théorie du cerveau triunique montre que l'évolution du cerveau a accompagné l'évolution de l'humanité :

– depuis le cerveau reptilien, primitif, qui permet de gérer nos besoins fondamentaux comme la respiration, l'alimentation... ;

– en passant par le système limbique, siège de nos émotions, des comportements instinctifs et de la mémoire ;

– pour arriver au néocortex aussi appelé système cortical, qui est le propre de l'homme et qui lui donne la faculté du langage, du raisonnement et de l'anticipation.

Son modèle fait référence à la distinction entre :

- le cerveau droit qui abriterait les sentiments et l'imagination ;
- le cerveau gauche où prédomineraient raison et méthode.

Ned Hermann a ainsi mis en évidence quatre grands types de mode de traitement de l'information :

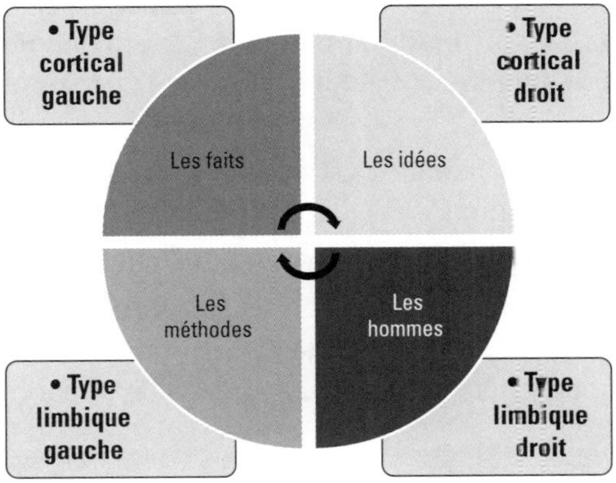

On peut schématiser ce modèle en disant que les personnes qui s'intéressent plus particulièrement

- aux **faits** veulent répondre à la question « **quoi** ? » ;
- aux **idées** préfèrent s'interroger sur le « **pourquoi** ? » ;
- aux **méthodes** veulent comprendre le « **comment** ? » ;
- aux **hommes** s'inquiètent plus spécifiquement du « **qui** ? ».

La figure ci-dessous présente les caractéristiques des personnes dans chaque cadran :

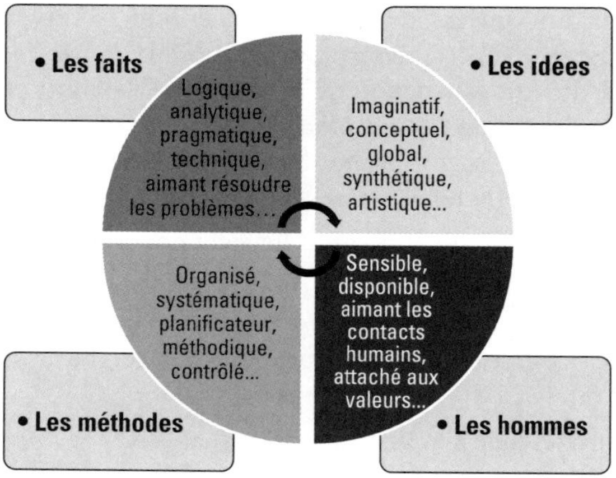

L'utilité du modèle en communication

Chaque personne est capable de mobiliser ces quatre aspects pour traiter l'information mais a, dans sa pratique naturelle, des préférences de comportement et certaines ressurgissent d'autant plus que la personne est en situation de stress.

Connaître sa préférence cérébrale, c'est mieux comprendre son fonctionnement et savoir quels sont ses points de vigilance en matière de communication.

Connaître et savoir reconnaître chez les autres leur préférence cérébrale permet de mieux comprendre leur mode de fonctionnement.

Chacun pourra donc tenter de s'adapter à son interlocuteur pour permettre une communication performante… surtout dans les situations difficiles.

L'utilité du modèle pour un contrôleur de gestion

Il n'y a pas de modèle type du contrôleur de gestion idéal !

Toutes ces familles peuvent être utiles en contrôle de gestion :

- Les **méthodes** sont nécessaires pour organiser un reporting performant en termes de fiabilité et de rapidité.
- Les **faits** sont la base des analyses de gestion.
- Les **idées** sont utiles pour trouver des solutions pour améliorer la performance, pour adapter les systèmes de gestion aux évolutions de l'entreprise, prouvant ainsi l'agilité du contrôleur.
- Les **hommes** sont une des clés de voûte du contrôleur de gestion qui n'est que le copilote de l'action des opérationnels avec lesquels il travaille.

Conseils

- **Écouter activement** ses interlocuteurs pour déceler certains tics de langage qui vont permettre d'identifier leur profil dominant.
- Une fois le profil repéré, **adapter sa communication** pour gagner en efficacité relationnelle.
- **Préparer en amont** ses entretiens pour prendre en compte ses propres points de vigilance et trouver les clés pour mieux s'adapter à l'autre.

Fiche 5 **COMMUNIQUER AVEC UN PROFIL ORIENTÉ « MÉTHODES »**

REPÉRER LE PROFIL DES PERSONNES ORIENTÉES « MÉTHODES »

Selon la typologie de Ned Hermann, la personne orientée « Méthodes » (avec une préférence cérébrale de type limbique gauche) s'intéresse plus particulièrement à la question du « **comment** » et s'appuie sur la **pensée**, le **raisonnement**.

Cette orientation teinte également ses expressions qui utilisent des mots empreints de ces deux influences :

COMMENT
Organisation
Preuve
Processus
Détails
Contrôle
Concret
Planification
Ordre...

PENSÉE
Analyse
Logique
Gestion
Prudence
Système
Formalisme
Critique...

Ce sont souvent des personnes qui apprécient la qualité et la sécurité.

Elles sont le plus souvent calmes, réfléchies, organisées, ordonnées.

Elles sont consciencieuses, ne cherchent ni à dominer, ni à être aimées. Elles font leur travail en respectant les délais.

Elles sont fiables et on peut compter sur elles.

Elles sont vigilantes et collectent toutes les informations et éléments nécessaires avant de prendre une décision.

Quelques-unes de leurs expressions favorites :

- « Procédons par ordre ! »
- « Il n'y a qu'à suivre les procédures. »
- « C'est contraire à la règle. »
- « Attention, on risque de… »
- « J'aime que les choses soient claires : avec moi, on met les points sur les *i* et les barres aux *t* »…

Les points de vigilance des personnes orientées « Méthodes »

Soucieuses de bien faire, les personnes orientées « Méthodes » peuvent parfois en devenir pointilleuses ou trop perfectionnistes.

Elles peuvent avoir tendance à s'embourber dans des détails qui n'intéressent personne et oublier le cadre général.

Évitant de se mettre en danger, elles se raccrochent souvent à la règle et peuvent être alors perçues comme rigides, peu ouvertes aux idées nouvelles.

La routine qui les rassure peut les faire ressentir comme trop « procédurières » et pas assez communicantes.

Conseils pour les personnes orientées « Méthodes »

- Prendre du recul par rapport aux situations.
- Lâcher prise sur certains points qui n'en valent pas la peine.
- Éviter les comportements, les expressions et les mots qui favorisent l'agressivité, l'opposition ou la contradiction, même si l'on est convaincu d'avoir raison.
- Oser l'inconnu.

Convaincre une personne orientée « Méthodes »

Pour convaincre au mieux une personne orientée « Méthodes », il vaut mieux être préparé pour organiser sa démonstration de façon logique :

- s'appuyer sur des faits précis du passé ;
- organiser sa proposition de façon méthodique (premièrement, deuxièmement…) ;
- classer ses recommandations par catégories…

Il est préférable d'avoir prévu d'autres solutions ou options, en apportant des preuves tangibles de leurs points forts ou faibles.

La personne orientée « Méthodes » doit être rassurée par des éléments quantifiables, clairs. Elle est susceptible de poser beaucoup de questions auxquelles il faudra répondre calmement, de façon tout aussi méthodique sans omettre les détails. Si l'on ne sait pas, il est préférable de bien tout noter et de revenir vers elle plus tard avec la réponse juste plutôt que de répondre évasivement. Cependant, ne pas oublier de revenir car, elle n'aura pas oublié que vous lui devez une explication !

Fiche 6 COMMUNIQUER AVEC UN PROFIL ORIENTÉ « HOMMES »

Repérer le profil des personnes orientées « Hommes »

Selon la typologie de Ned Hermann, les personnes qui sont orientées « Hommes » (avec une préférence cérébrale de type limbique droit) s'intéressent plus particulièrement à la question du « **qui** » et aux **sentiments**.

Le vocabulaire utilisé fait donc référence à ces deux univers :

QUI
Les gens
Travail d'équipe
Relations
Coopération
Communication
Valeurs
Besoins des autres…

SENTIMENTS
Sensibilité
Confiance
Épanouissement
Motivations
Empathie
Émotion
Perspicacité…

Ce sont des personnes qui apprécient particulièrement les contacts humains. Elles aiment être entourées. Elles se rendent toujours disponibles pour les autres et sont attentives à leurs besoins et à leur bien-être. Elles savent s'adapter et font preuve de souplesse.

La communication est primordiale pour elles. Elles savent particulièrement bien écouter, comprendre leurs interlocuteurs et aiment les conseiller.

Elles apprécient de travailler en équipe dans un climat de confiance, chaleureux avec une bonne ambiance.

Quelques-unes de leurs expressions favorites :

- « J'ai le sentiment que… »
- « L'entraide et l'esprit d'équipe sont essentiels au travail. »

- « Je me réalise dans ce poste. »
- « Ce qui m'importe, c'est avant tout la valeur humaine »…

Les points de vigilance des personnes orientées « Hommes »

Concentrées sur les relations humaines, les personnes orientées « Hommes » peuvent avoir tendance à perdre de vue la logique et les faits.

Appréciant de travailler dans une ambiance conviviale, elles peuvent fuir devant les conflits et, pour les éviter, ne savent parfois pas dire non et peuvent se retrouver à céder facilement.

Il est ainsi possible qu'un contrôleur de gestion orienté « Hommes » se retrouve en surcharge de travail parce qu'un collègue lui a demandé de faire une analyse complémentaire dans la période du reporting et qu'il n'a pas osé négocier un délai pour le faire…

En réunion, ces personnes peuvent aussi rester en retrait en n'osant pas forcément s'affirmer et ont du mal à exercer leur pouvoir de conviction de peur de froisser ou de s'opposer à leur auditoire.

Conseils pour les personnes orientées « Hommes »

- **Se fixer un objectif de communication** dès le début d'un entretien ou d'une réunion pour montrer sa détermination et se souvenir de le reprendre en conclusion pour être sûr de ne pas s'être laissé « embarqué » par les autres dans un autre sujet.
- **Être plus ferme, tenter de s'imposer davantage en étant plus combatif** en se rappelant qu'elles défendent leur société ou leur département et pas seulement leurs propres intérêts.
- **Résister aux exigences ou aux attaques des autres,** qui ne leur en veulent pas « personnellement », mais qui s'en prennent le plus souvent à la fonction qu'elles représentent.
- **Apprendre à gérer sa convivialité :** la boîte de bonbons sur le bureau attire certes, mais elle ne doit pas les empêcher de travailler lorsque le bureau est quasiment devenu l'annexe de la machine à café !

Convaincre une personne orientée « Hommes »

Une personne orientée « Hommes » a besoin de temps pour se sentir en confiance, donc il ne faut pas se lancer immédiatement dans le vif du sujet. La prise de contact initial est nécessaire : il est important de la faire parler d'abord d'elle-même au début (santé, vacances, projets actuels…).

L'objectif est de la mettre à l'aise, donc il vaut mieux lui parler dans un style familier pas trop formel et lui montrer qu'on l'écoute vraiment en reformulant ses sentiments, en appréciant ses réalisations et ce qu'elle vous dit.

Ensuite il faut tenter de la rassurer sur le bien-fondé de votre proposition :

- en lui rappelant les avantages que cette solution a pu avoir sur des personnes dans le passé ;
- en soulignant l'appui que vous avez obtenu de personnes appréciées ou respectées ;
- en montrant les bénéfices de votre solution pour les gens concernés.

Ne voulant pas se mettre à dos ses collaborateurs, la personne orientée « Hommes » appréciera particulièrement qu'on lui propose de l'aide pour revendre une idée en interne.

Fiche 7 COMMUNIQUER AVEC UN PROFIL ORIENTÉ « FAITS »

REPÉRER LE PROFIL DES PERSONNES ORIENTÉES « FAITS »

Selon la typologie de Ned Hermann, les personnes orientées « Faits » (avec une préférence cérébrale de type cortical gauche) s'intéressent plus particulièrement à la question du « **quoi** » et mobilisent la **pensée**, le raisonnement.

Cette orientation teinte son vocabulaire de ces deux influences :

QUOI
Faits
Résultats
Performance
Chiffres
Productivité
Efficience
Efficacité
Progrès...

PENSÉE
Logique
Rationnel
Responsable
Technique
Stratégie
Sérieux
Critique...

Ce sont souvent des personnes pragmatiques, qui vont droit au but, rapidement. Elles savent ce qu'elles veulent et sont impatientes pour l'obtenir. Elles sont pleines d'énergie, prêtes à relever des défis et à en lancer aux autres.

Quelques-unes de leurs expressions favorites :

- « Je veux des résultats concrets. »
- « Je ne crois que ce que je vois. »
- « Une critique sévère s'impose. »
- « Soyez sérieux ! »
- « Je ne retiendrai qu'une stratégie logique »...

Les points de vigilance des personnes orientées « Faits »

Allant droit au but, les personnes orientées « Faits » ne mettent parfois pas assez de rondeurs dans leur communication. Elles peuvent avoir tendance à négliger les sentiments et l'impact émotionnel qu'elles peuvent avoir sur les autres. On peut les ressentir comme des personnes « mettant la pression » ou négociant en « position dure ».

Elles n'écoutent pas forcément assez les autres, tentent parfois d'imposer leur point de vue et négligent les solutions alternatives. Elles peuvent donc blesser leurs interlocuteurs.

Énergiques, elles peuvent lancer des défis aux autres, qui pourraient se sentir mis en porte à faux.

Conseils pour les personnes orientées « Faits »

- Se forcer à **écouter davantage** ses interlocuteurs en creusant les attentes avec des questions ouvertes par exemple.
- **Répondre avec plus de souplesse et de nuances** pour paraître moins agressif que les autres pourraient le ressentir.
- Montrer à ses interlocuteurs les **avantages pour eux** de ses idées plutôt que de citer juste les simples aspects techniques.

Convaincre une personne orientée « Faits »

Pour convaincre au mieux une personne orientée « Faits », il ne faut pas perdre de temps. Elle veut aller droit au but donc autant commencer par la conclusion, le résultat, la meilleure recommandation, quitte à développer ensuite si elle en a besoin.

Pour être bref, il faut s'attacher à être concis, direct, utiliser des visuels.

Pour convaincre au mieux, il faut éviter les détails inutiles, montrer le caractère pratique des idées présentées, tout en collant à la réalité. Il faut mettre en évidence les progrès que ces idées permettraient d'atteindre.

L'objectif est que la personne orientée « Faits » ait l'impression d'avoir elle-même pris la décision in fine… soit le véritable acteur de l'entretien.

Il vaut mieux également savoir rester calme, se dominer, au cas où l'interlocuteur orienté « Faits » s'échaufferait un peu dans la discussion s'il n'est pas forcément d'accord immédiatement.

Fiche 8 COMMUNIQUER AVEC UN PROFIL ORIENTÉ « IDÉES »

Repérer le profil des personnes orientées « Idées »

Selon la typologie de Ned Hermann, les personnes orientées « Idées » (avec une préférence cérébrale de type cortical droit) s'intéressent plus particulièrement à la question du « **pourquoi** » et mobilisent beaucoup leur **imagination**.

Son champ lexical est donc très teinté de ces deux influences :

POURQUOI
Pour la nouveauté
Pour le challenge
Pour améliorer
Pour résoudre des problèmes
Pour trouver d'autres solutions
Pour donner plus de liberté
Pour avoir une vision globale
Pour voir plus loin, donner des perspectives,...

IMAGINATION
Idées
Innovations
Créativité
Artiste,
Ingéniosité
Concepts
Exploration
Stratégie...

Les personnes orientées « Idées » sont très inventives, savent trouver de nouvelles applications ou méthodes de travail pour leurs services. Elles osent face à l'inconnu.

Elles aiment la fantaisie, le plaisir et ont le goût de l'esthétique.

Elles ont une forte capacité d'adaptation et sont plutôt ouvertes et détendues.

Elles aiment manier les concepts, sont souvent charismatiques et convaincantes.

Quelques-unes de leurs expressions favorites :

- « Imaginons que... »

- « Tu vois ce que je veux dire ? »
- « Il faut que cela change. »
- « Si seulement on pouvait nous laisser la main, nous saurions comment sortir de cette mauvaise passe. »
- « Y'a qu'à inventer un nouveau programme »...

Les points de vigilance des personnes orientées « Idées »

Bouillonnant d'idées et orientées vers le futur, les personnes orientées « Idées » peuvent parfois paraître désordonnées et éloignées des réalités. Elles négligent l'aspect pratique des choses et restent souvent très globales en ignorant les détails.

Du coup, certaines peuvent avoir du mal à gérer les priorités : elles ne respectent pas toujours leurs échéances ou leurs engagements et n'ont parfois pas conscience de leurs besoins réels et immédiats.

Avec leur grande capacité à se projeter dans l'avenir, elles perdent parfois leurs interlocuteurs qui ont du mal à les suivre.

Le manque de méthode qui transparaît parfois aussi à l'oral a tendance à faire naître chez les autres un sentiment d'improvisation, qui n'est pas forcément apprécié.

Aimant manier les concepts dans leurs discours, elles sont parfois accusées de s'écouter un peu trop parler.

Conseils pour les personnes orientées « Idées »

- **Préparer ses entretiens ou ses interventions en se fixant des objectifs** : pour respecter la durée, structurer ses présentations et éviter les digressions.
- **Être plus à l'écoute des besoins des autres et des faits** pour mieux contrôler son imagination et répondre au mieux aux attentes.
- **Vérifier le caractère réaliste des engagements pris.**

Convaincre une personne orientée « Idées »

Une personne orientée « Idées » aime échanger. Pour cela, il vaut donc mieux avoir du temps à consacrer et être patient lorsqu'elle aura tendance parfois à s'échapper dans quelque digression.

Aimant débattre, elle apprécie également qu'on s'intéresse à son opinion, qu'on lui pose des questions et qu'on la laisse y répondre !

Elle aime les débats d'idées, les concepts, il faut donner du sens à son action : donc elle apprécie que l'on contextualise, qu'on lie le thème de la discussion à une idée plus générale qui l'intéresse. On s'acheminera dans un second temps vers plus de détails. Il faut d'abord insister sur les idées maîtresses qui soutiennent les recommandations avant d'aller plus loin : hiérarchiser est la clé.

Elle aime également la nouveauté, donc il est important de souligner le caractère original des propositions avancées.

Comme elle se projette facilement dans le futur, elle a également besoin de comprendre l'impact et la valeur pour l'avenir des solutions avancées.

Pour l'aider à se canaliser, il est aussi utile de reformuler à intervalles réguliers, d'essayer de rester structuré dans sa présentation en pensant à l'objectif et à la conclusion tout en la recentrant de temps à autre.

Fiche 9 PRÉPARER SES PRÉSENTATIONS ORALES POUR UN AUDITOIRE VARIÉ

Chaque personne a dans sa pratique naturelle des préférences de comportements qui reposent sur le modèle de Ned Hermann.

Pour garantir une communication performante, les chapitres précédents ont montré comment s'adapter à l'autre en ayant repéré son mode préférentiel lors d'entretiens individuels.

En communication orale, il est cependant possible d'avoir à s'adresser à un auditoire large composé de personnes aux profils différents.

Comment alors garantir de capter et de convaincre son auditoire quels que soient les styles de communicants présents dans l'assistance ?

La **structure de la présentation** est alors une clé essentielle à travailler pour répondre aux attentes des différents profils.

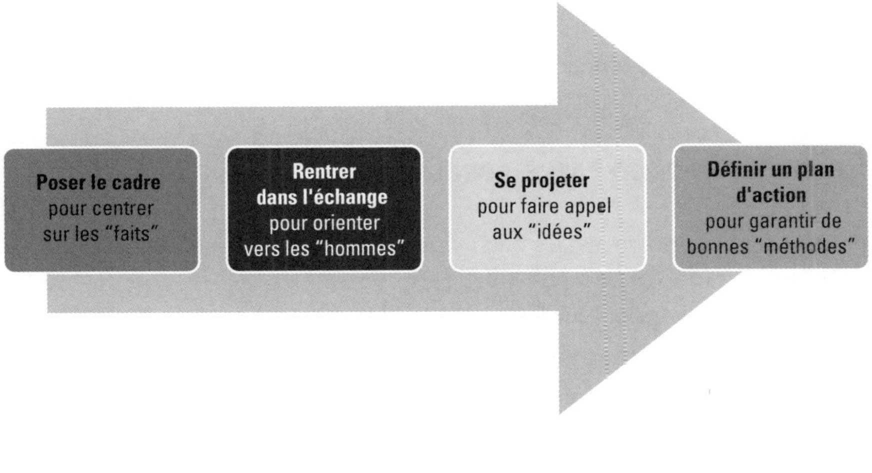

Poser le cadre pour centrer sur les « Faits »

Pour capter l'attention des personnes qui vont droit au but, autant dire l'essentiel dès le commencement en réussissant à ne pas perdre les autres :

- Expliquer les raisons et l'objectif de sa présentation, ce qui plaira également aux personnes orientées « Idées ».
- Décrire la manière dont va s'articuler la présentation et le temps qu'elle va durer, ce qui rassurera les personnes orientées « Méthodes ».

Rentrer dans l'échange pour orienter vers les « Hommes »

Ayant eu droit à un départ rapide, les personnes centrées sur les « Hommes » ont ensuite besoin d'être rassurées sur le fait que l'humain est aussi une préoccupation majeure. Cela passe par les points suivants :

- Illustrer son propos par des **expériences vécues.**
- Donner des **exemples qui parlent à chacun** et qui s'adressent à tous les profils.
- Apporter de l'**émotion**, de l'**humour**.

Se projeter pour faire appel aux « Idées »

Pour se sentir concernées, les personnes centrées sur les « Idées » ont besoin d'être sollicitées dans leur réflexion :

- Les questionner pour leur faire prendre du recul.
- Les projeter vers le futur en faisant appel à leur imagination.
- Mettre en exergue la nouveauté des concepts ou solutions pour satisfaire leur soif d'innovation.

Définir un plan d'action pour garantir de bonnes « Méthodes »

Pour finir, il faut revenir sur du concret pour rassurer les personnes orientées « Méthodes » sur la faisabilité et le caractère concret de vos propos :

- **Résumer la présentation** en rappelant les éléments clés.
- **Conclure avec un plan d'action** : qui fait quoi, dans quels délais et avec quels moyens.

Conseils

- **Poser des questions en amont pour connaître son auditoire** : quels profils ? Quelles fonctions ? Quelles préoccupations, quels besoins et quels centres d'intérêt ? Quels sont leurs enjeux, leurs contraintes ? Quels sont leurs *a priori*, leurs freins éventuels ? Quels types de personnalité ?...
- **Tester sa présentation** avec des personnes de profils différents et tenir compte de leurs remarques.
- **S'appuyer sur un support percutant** (cf. fiche 16).

Fiche 10 RÉDIGER LES COMMENTAIRES DU TABLEAU DE BORD

Classiquement, un tableau de bord contient des chiffres et des graphiques. Leur interprétation peut varier d'une personne à l'autre et être sujet à discussion si on ne les replace pas dans leur contexte. En conséquence, les commentaires s'avèrent être un outil indispensable pour garantir une compréhension commune de la situation.

Il ne s'agit pas pour le contrôleur de gestion de se contenter de paraphraser les chiffres déjà présentés. Les commentaires doivent avoir une réelle valeur ajoutée, être rédigés avec les opérationnels et refléter la réalité du terrain. Il faut parler des FAITS :

Faits marquants du mois.
Actions, réalisations principales.
Information sur les écarts principaux.
Trace des actions envisagées.
Simulation de l'impact sur la fin de l'année.

COMMENT STRUCTURER LES COMMENTAIRES

Faits marquants du mois

Les commentaires décrivent les faits externes à l'entreprise ou au service, au cours de la dernière période, qui ont eu ou auront un impact significatif sur les résultats.

> *Par exemple : lancement d'un nouveau produit par un concurrent, grève des transports, modification réglementaire ou fiscale...*

Actions, réalisations principales

Les commentaires résument les actions mises en œuvre, dans l'entreprise ou le service, au cours de la dernière période.

> *Exemple : formation de l'équipe, ajustement de tarif, vente d'un stock obsolète, audit qualité d'un fournisseur, lancement d'une offre promotionnelle...*

Information sur les écarts principaux

Les commentaires expliquent les réelles causes des écarts constatés dans les tableaux de chiffres ou les graphiques. Ils doivent permettre de distinguer ce qui est récurrent de ce qui est exceptionnel, ou juste lié à un décalage dans le temps (avance ou retard). Cette bonne compréhension permettra de mieux cibler les actions à mettre en œuvre et d'estimer l'impact sur la fin de l'année.

> *Exemple : pourquoi constate-t-on un écart de production défavorable suite à un arrêt de la chaîne de production ?*
>
> *Cas 1 : parce qu'on a eu une rupture d'approvisionnement liée à des conditions climatiques difficiles : événement exceptionnel.*
>
> *Cas 2 : parce que la chaîne est encore tombée en panne la dernière semaine du mois : événement récurrent.*

Trace des actions envisagées

Les commentaires doivent impliquer les opérationnels en identifiant clairement les actions qu'ils comptent mettre en œuvre le plus rapidement possible pour réduire les écarts constatés (présents ou à venir).

> *Exemple : retour sur l'exemple précédent :*
>
> *Cas 1 – actions à envisager : constituer un stock tampon ou avoir une nomenclature intégrant une matière première de remplacement.*
>
> *Cas 2 – actions à envisager : développer la maintenance préventive ou la polyvalence des opérateurs pour effectuer la maintenance de premier niveau.*

Simulation de l'impact sur la fin de l'année

Les commentaires doivent permettre d'apprécier l'atterrissage possible en fin d'année compte tenu des écarts et des actions mises en œuvre.

> *Exemple : atterrissage de fin d'année conforme à l'objectif, alors qu'à fin septembre, on constate une moindre dépense car le salon se tiendra finalement en novembre.*

Les commentaires ainsi structurés, au même titre que le tableau de bord, adressent les trois horizons de temps du contrôle de gestion :

- Expliquer le passé : FAI.
- Orienter l'action du présent : T.
- Anticiper le futur : S.

Pourquoi structurer ainsi les commentaires

Cette structure de commentaires, qui va au-delà du simple constat, concentre les équipes sur l'analyse et la mise en évidence des causes d'écarts, afin d'orienter les actions correctives.

Des commentaires écrits selon cette structure permettent également de conserver l'historique des événements internes ou externes et des décisions envisagées et mises en œuvre. Cet historique a plusieurs vertus :

- Faciliter, en N + 1, l'analyse par rapport au réel de l'année N.
- Récupérer rapidement les bonnes idées d'actions qui se sont révélées efficaces dans le passé.
- Faciliter le passage de témoin en cas de changement de poste.
- S'interroger sur la bonne gestion du service, si on n'alimente jamais la rubrique « A ».
- Challenger les opérationnels, pour comprendre pourquoi certaines actions envisagées par eux restent bloquées dans la rubrique « T » et ne sont pas mises en œuvre ; c'est un moyen d'inciter un opérationnel à changer d'action ou trouver le levier pour débloquer la situation.

Conseils

- Scinder les commentaires et les positionner à côté de chaque écart à commenter.
- Faire des phrases courtes avec des mots simples.
- Rester factuel afin d'éviter les jugements de valeur.
- Faire des commentaires proportionnels à l'enjeu financier.

Fiche 11 CHOISIR LES GRAPHIQUES PERTINENTS

Les graphiques attirent davantage l'attention que les écrits ou les tableaux de chiffres. Un graphique est performant lorsqu'il est le moins interprétable possible. Les graphiques ne doivent être employés que s'ils renforcent la portée du message à transmettre et pas seulement pour accompagner le texte.

Si nous nous accordons tous sur le fait que « rien de tel qu'un graphique pour faire parler les chiffres », encore faut-il faire un choix à bon escient. Ce choix dépend de deux paramètres :

- le fond qui renvoie au message que l'on souhaite faire passer ;
- la forme qui renvoie à la clarté des données présentées.

Un graphique sert à véhiculer un message. On recense cinq types de messages : évolution, décomposition, répartition, position et corrélation. Il faut donc bien identifier le message que l'on souhaite faire passer, afin d'adapter le graphique en conséquence.

En fonction du message, un ou deux graphiques s'imposent. À l'intérieur de cette sélection, le dernier choix dépend du nombre de données que l'on souhaite représenter sur le graphique. Certains modèles deviennent difficiles à lire lorsqu'il y a trop de données.

Évolution d'une ou de plusieurs valeurs dans le temps

L'évolution indique comment une donnée varie dans le temps. Pour des séries inférieures à huit années, on peut utiliser des colonnes Pour des séries supérieures à huit années, une courbe sera plus parlante.

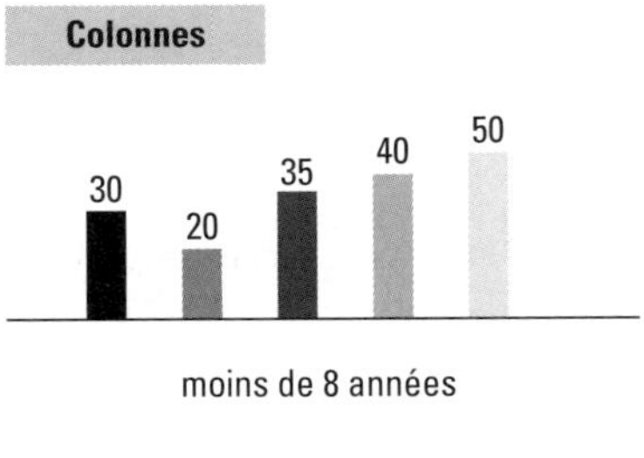

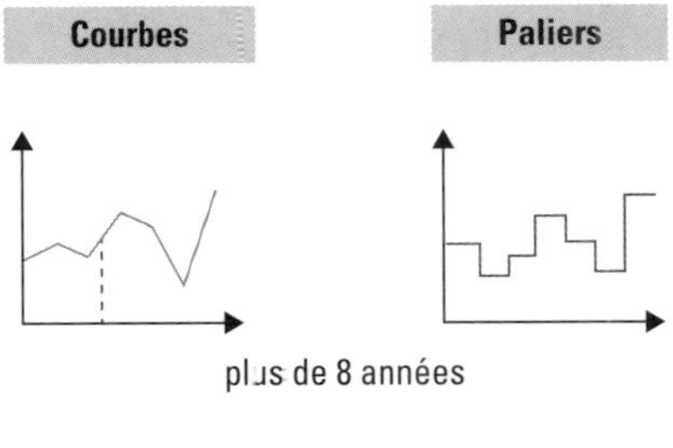

Décomposition d'une valeur globale en différentes parties

La décomposition met en valeur la part relative des composants d'un ensemble. La représentation en anneau met en relation l'objectif et la réalisation. Au-delà de huit composants, il est préférable de procéder à des regroupements.

Secteur

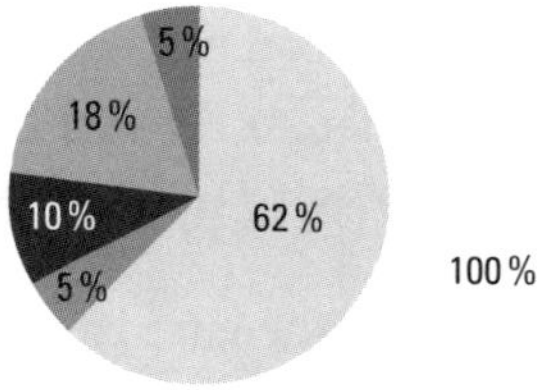

moins de 8 composants

Anneau

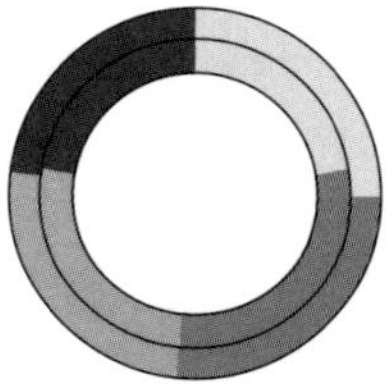

moins de 8 composants

Répartition d'un ensemble par tranches

La répartition montre comment un ensemble se répartit par tranches quantitatives. Dans le cas où l'on travaille avec moins de dix tranches, on peut créer une représentation en histogramme. Dans le cas inverse, une représentation en courbe est plus lisible.

Histogramme

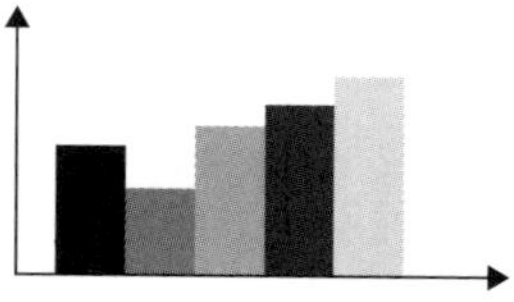

moins de 10 tranches

Courbe

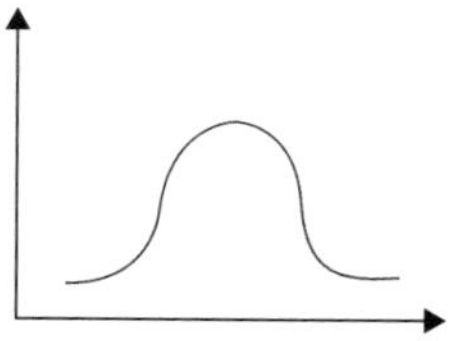

plus de 10 tranches

Position entre plusieurs valeurs

La position signale la performance d'un ensemble en le comparant à d'autres ensembles. Avec moins de dix éléments, il est recommandé d'utiliser les barres. Au-delà de dix éléments, l'échelle est plus appropriée.

Barres

moins de 10 éléments

Échelle

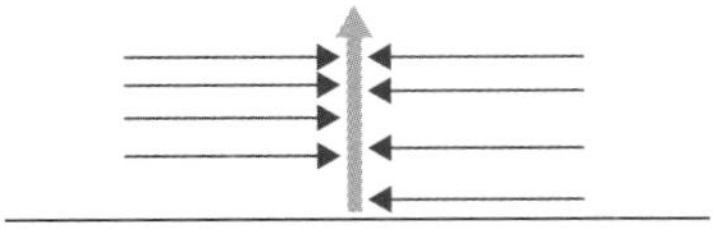

plus de 10 éléments

Corrélation entre deux séries de valeurs

La corrélation témoigne de la performance d'une série de données mesurée selon deux critères. Avec moins de huit éléments, les barres seront plus significatives. Au-delà, la courbe ou le nuage de points sont plus appropriés.

Barres

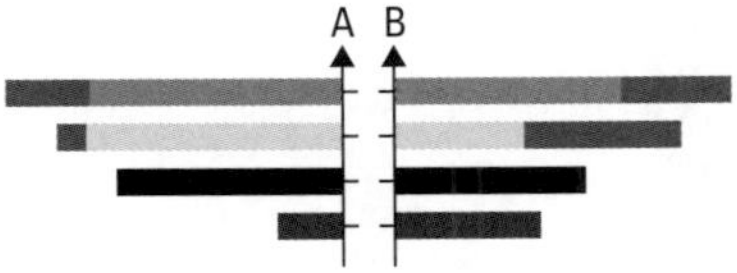

moins de 8 éléments

Courbes

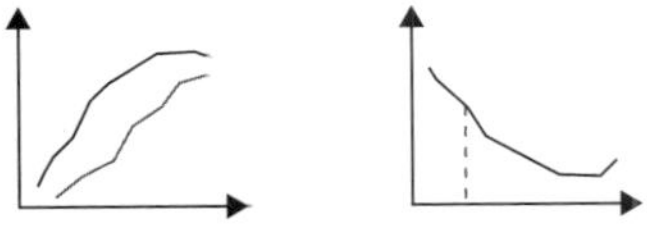

plus de 8 éléments

Beaucoup d'autres formes existent. La meilleure est celle qui finalement plaira au responsable et qui lui semblera la plus facile à lire.

Conseils

- S'assurer que les graphiques complètent le tableau de chiffres en donnant un détail ou un angle de vue différent.
- Ne pas surcharger la présentation en multipliant le nombre de courbes ou de barres sur un même graphique (deux ou trois maximum).
- Créer un univers aussi homogène que possible pour le lecteur: légende, code couleurs.
- Faire des commentaires proportionnels à l'enjeu financier

Fiche 12 ORGANISER LE REPORTING

Plus que jamais, l'entreprise a besoin d'un outil de reporting et de pilotage qui anticipe, alerte, clarifie, permet une réactivité maximale, d'une *business intelligence*, au sens littéral du terme. Moins que jamais, elle peut s'offrir le luxe d'instruments de navigation imprécis, faussés, inopérants. Le contrôleur de gestion se doit, dans le cadre de sa mission de reporting, de faire preuve d'organisation.

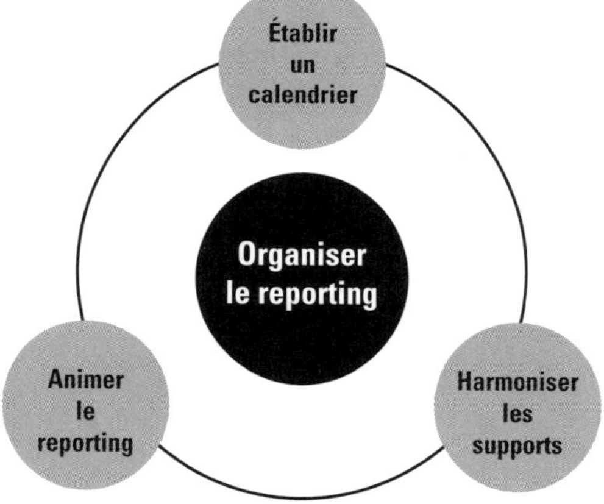

Le contrôleur de gestion se doit d'établir un calendrier rigoureux du reporting avec des dates précises et les noms des responsables qui doivent lui fournir des données.

Le contrôleur de gestion doit être très vigilant quant à la cohérence des données. Cela passe par trois points majeurs :

- la mise en place de fichiers harmonisés tant sur la forme que sur le fond ;
- la définition précise des informations composant le reporting, avec des formules de calcul et la description des sources ;
- l'automatisation au maximum du reporting de façon à l'alléger, l'idéal étant de disposer d'un outil informatique dédié, qualifié de « système intelligent ».

Et enfin le contrôleur de gestion doit animer le reporting :

- Chaque année, il envoie le calendrier du reporting ou organise une réunion pour le présenter. Le principe d'une réunion est largement préférable si les responsables du reporting sont nouveaux dans leurs fonctions ou si le reporting a évolué.

- Tout au long de l'année, il « relance » les responsables afin d'obtenir les éléments dans les temps et enrichit les commentaires inclus dans le reporting.

Cette organisation doit permettre d'éviter les dysfonctionnements les plus fréquents.

La source non fiable

Le système de *business intelligence* est fondé sur des informations qui s'avèrent en partie fausses, issues d'un déclaratif approximatif ou incluant des données trompeuses. Par exemple, un indicateur sur les ventes intégrant le chiffre d'affaires intra-groupe (réalisé entre filiales), alors que l'on veut mesurer la capacité de conquête commerciale de l'entreprise. Ou encore un taux d'utilisation des machines dont on découvre *a posteriori* qu'il est renseigné « au feeling » par un responsable de production débordé.

Le reporting qui n'a pas évolué

C'est un cas relativement fréquent : l'entreprise a évolué. Elle a diversifié ses activités, changé de stratégie, racheté un concurrent, pris pied à l'international… et conservé son système de reporting initial.

Le reporting parallèle

On le rencontre le plus souvent dans les entreprises en forte croissance : les gestionnaires et les financiers sont tellement accaparés qu'ils n'ont pas la possibilité d'édifier un système de reporting complet. Ou à peine celui-ci est-il en place qu'il est déjà dépassé. À moins qu'il ne s'avère trop complexe pour évoluer facilement : il faudrait lui consacrer des ressources importantes, dont l'entreprise ne dispose pas. Pressé de recevoir les informations dont il a besoin, chaque manager est amené à organiser « dans son coin » un reporting en parallèle. Chacun compte sur ses propres « classeurs Excel », et il devient impossible de comparer des données dont les règles de calcul et de gestion sont différentes.

Le reporting encyclopédique

C'est l'une des erreurs les plus fréquentes, et les plus dommageables : faute d'une réflexion sur ce qu'elle a besoin de mesurer, donc sur ses métiers, ses clients et sa stratégie, l'entreprise accumule toutes sortes de données et compile tous les indicateurs possibles, suivant l'adage « qui peut le plus peut le moins ». Il en résulte, en guise de tableau de bord, un défilé monotone de chiffres, un book de gestion statique, dépourvu d'interaction, épais comme un annuaire, et tout aussi captivant pour les managers. Le reporting perd sa vocation d'éclaireur et d'alerteur.

Le reporting chronophage

Quand les managers et leurs équipes passent plusieurs jours par mois à s'acquitter de leur reporting, quand celui-ci devient une corvée administrative, ou quand il fait l'objet d'incessants allers-retours, à la recherche de l'information manquante, il est peut-être temps de s'interroger sur la pertinence et la construction du système : toutes les données sont-elles utiles ? Demande-t-on les bonnes informations aux bonnes personnes ? Enfin et surtout, peut-on automatiser la collecte et la synthèse de certaines données ?

Le reporting trop exclusif

Quand elle traverse une période de crise, l'entreprise peut être amenée à se focaliser sur deux ou trois indicateurs, correspondant à des objectifs vitaux pour elle : réduire les coûts, dégager de la trésorerie, vendre une activité… Le danger, c'est que cette polarisation devienne excessive.

Conseils

Organiser et notamment :
- établir un calendrier précis pour le reporting ;
- animer le reporting tout au long de l'année ;
- s'assurer de la cohérence des données et clarifier les définitions.

Fiche 13 FAIRE UNE SYNTHÈSE BUDGÉTAIRE

La synthèse budgétaire structure et formalise la proposition budgétaire, afin de faciliter la prise de décision, en économisant du temps de recherche et de lecture pour les décisionnaires. L'essentiel du dossier budgétaire sera synthétisé en 5 à 10 pages, précédé d'un résumé, et suivi d'annexes qui traitent en profondeur des aspects significatifs.

Le contenu

La synthèse budgétaire contiendra les éléments suivants :

- une page consacrée au titre (intitulé), avec la date et le numéro de la version présentée ;
- un sommaire avec la liste des états renseignés, leurs titres et leurs numéros de page ;
- des chiffres présentés dans des tableaux de synthèse sur le modèle suivant :

BUDGET[1] N + 1	BUDGET N	PROBABLE N	BUDGET N + 1 /PROBABLE N	PROBABLE N[2] /BUDGET N	RÉEL N – 1	PROBABLE N /RÉEL N – 1
			Valeur %	Valeur %		Valeur %

- des commentaires synthétiques, percutants et vendeurs. Ils porteront, d'une part sur le bilan de l'année en cours à mi-parcours, d'autre part sur la présentation du budget de l'année à venir ;
- des annexes avec le détail des calculs et des actions.

1. Commencer par le futur donne l'idée de *marche en avant*.
2. Le contrat passé en année a-t-il été correctement rempli ?

La présentation

Le bilan de l'année en cours se focalise sur les événements majeurs, les explications sur les écarts significatifs (réel *versus* budget N), les principales actions entreprises et un bilan économique (marge opérationnelle). Une page doit être suffisante.

Le budget de l'année à venir décrit les objectifs et les orientations retenus, les principales actions envisagées, les hypothèses économiques utilisées pour les chiffrages, les écarts prévus sur les postes importants du compte de résultat, un bilan économique (marge opérationnelle), les conditions de réussite (prévoir une ou deux options en vue de la négociation), ainsi que l'analyse des risques et des opportunités.

Les commentaires doivent suivre la logique des tableaux de chiffres, être facilement compréhensibles pour un lecteur non spécialiste, couvrir les points clés du budget, mettre en valeur des modifications importantes et/ou un projet d'investissement significatif. Par exemple, la synthèse budgétaire du budget de frais de personnel présente l'évolution des effectifs, l'évolution de la masse salariale, l'incidence de la législation sociale, la politique de recrutement, de formation… L'ensemble ne devrait pas dépasser trois pages.

Un exemple de dossier budgétaire dans un groupe industriel

La *synthèse budgétaire* regroupe les chiffres clés, les commentaires, les hypothèses, ainsi que des tableaux de synthèse sur les programmes d'action, les ventes, les effectifs, la pub-promo et les résultats.

L'*annexe* détaille l'activité industrielle, les coûts directs d'exploitation, les coûts de distribution, les données constitutives de la marge brute et les contributions nettes par produit, les charges de structure, les dotations aux amortissements et la variation des frais fixes dans les stocks.

Éviter les pièges les plus courants

- Une documentation trop volumineuse.
- Des tableaux de chiffres trop détaillés.

Fiche 14 RÉDIGER UN COMPTE RENDU DE RÉUNION

Le compte rendu de réunion répond d'abord à des impératifs d'information et de mémoire. C'est un aide-mémoire à disposition des participants de la réunion. Il a pour but de faire connaître aux tiers le contenu ou les conclusions de la réunion. Il est indifféremment un document d'analyse ou de synthèse.

Il résume ce qui s'est passé pendant la réunion et analyse les événements, afin de dégager des pistes d'actions ou de recommandations. Il est indispensable pour acter des décisions prises, les mettre en œuvre et en garder la trace. L'écrit vise un but opérationnel : il doit faire agir le destinataire en lui apportant des informations.

Le contenu du compte rendu

Le compte rendu reprend :

- les éléments d'identification indispensables :
  - nom, type de réunion,
  - auteur, destinataires,
  - date, heure et lieu de l'événement,
  - rappel de l'ordre du jour et du planning prévu.
- Le compte rendu proprement dit :
  - titre résumant l'événement,
  - exposé de la problématique,
  - analyse des points forts et des points faibles,
  - décisions prises et actions à entreprendre,
  - bénéfices attendus,
  - points de vigilance,
  - sujets reportés en indiquent les raisons du report.

À la fin de chaque étape de la réunion, notez les idées clés ou les décisions et lisez-les au groupe afin de les valider avant de passer à l'étape suivante.

Utilisez le compte rendu en fin de réunion pour acter les décisions, et nommez les responsables des actions à entreprendre, avec une date précise d'exécution.

ACTIONS	QUI	QUAND	MOYENS	RÉSULTATS

La rédaction du compte rendu

Sa rédaction doit être sobre et précise. Elle valorise la contribution des participants : leurs idées créatives, leur implication, leur énergie, leur expertise.

Les idées sont organisées selon un plan hiérarchique (du plus important au moins important) qui soutient l'objectif de départ. Il est préconisé de placer l'information principale au début, afin qu'elle soit mieux vue et mémorisée. Organiser le texte en paragraphes bien identifiés, afin que le lecteur se repère facilement. La règle consiste à ne traiter qu'une seule idée principale par paragraphe, celle-ci étant étayée d'idées secondaires, d'exemples ou d'arguments.

Pour que le message passe et que tous le comprennent de la même façon, la meilleure méthode consiste à rédiger simplement avec des phrases courtes. Une longueur moyenne de 15 mots par phrase garantit la lisibilité. Réduire la longueur d'une phrase consiste à la simplifier pour en rendre la compréhension plus immédiate. Il est recommandé d'éliminer les tournures impersonnelles ou introductives comme : « on remarquera que... » ou « il est à noter que... ». Les mots courts et précis sont à privilégier (achat plutôt qu'acquisition). Des termes comme « dans les plus brefs délais » ou « le plus rapidement possible » n'ont aucun sens. Indiquer systématiquement une date précise. La voix active est préférable : « X a décidé... », plutôt qu'« il a été décidé par X que... ».

Rédigez le compte rendu tout de suite après la réunion, pendant que son contenu est encore frais dans votre mémoire. Prenez quelques minutes pour relire et, si nécessaire, réorganisez les notes dans le format approprié. Joignez tous les documents, rapports nécessaires lorsqu'ils existent. Assurez-vous que le compte rendu reflète le contenu des échanges. Envoyez le compte rendu à tous les participants, ainsi qu'une copie aux personnes devant être informées de son contenu.

Conseils

Organiser et notamment :

- Envoyer le compte rendu dans les 24 heures souligne l'importance stratégique accordée au projet.
- Pendant la réunion, utilisez le compte rendu pour clarifier ou formaliser les échanges « alors, je note quoi ? » ; « voici le résumé ».
- Nommez un rapporteur chargé de remplir le compte rendu pendant la réunion si vous en êtes l'animateur.

Fiche 15 FORMALISER UNE PROCÉDURE DE GESTION

Au sens général, une procédure peut être définie comme une règle formelle et écrite dont le respect garantit le fonctionnement normal d'un système, ainsi que son évolution.

Une procédure écrite comporte généralement :

- l'objet et le domaine d'application d'une activité ;
- ce qui doit être fait et qui doit le faire ;
- quand, où et comment cela doit être fait ;
- quels matériels, équipements et documents doivent être utilisés ;
- comment cela doit être maîtrisé et enregistré.

La procédure est donc un document destiné à fixer le mode de fonctionnement d'une organisation, des règles d'action à caractère permanent.

> *Exemple*
> *Procédure budgétaire ; clôture mensuelle.*

Les procédures peuvent être réunies dans un manuel qui constitue une charte de base pour l'exercice d'une fonction et pour l'harmonisation des politiques au niveau de chacun des services.

Contrairement à la note de service, la procédure a des caractéristiques bien précises :

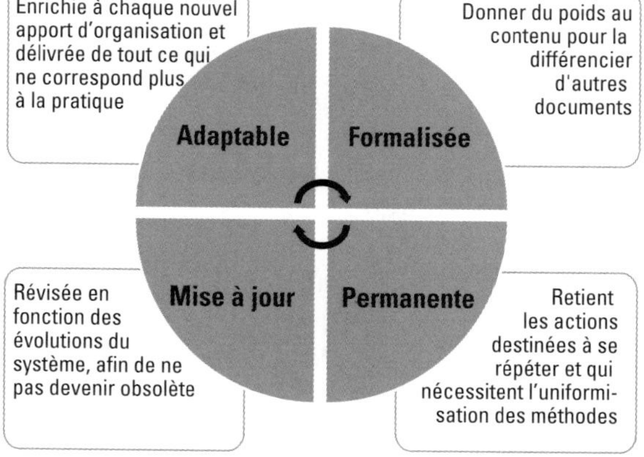

Les qualités d'une procédure

Une procédure doit être :

- exacte jusqu'au détail, y compris les mises à jour, tout en respectant la condition « nécessaire et suffisante » ;
- claire dans l'articulation ou l'enchaînement des sujets et jusqu'à la rédaction des phrases ; son langage simple doit être compris par tous ;
- accessible grâce à une codification adéquate ;
- contrôlable (tous les points doivent pouvoir être vérifiés facilement) ;
- compatible avec toute autre procédure ou pratique ;
- complète pour le sujet traité ou sans oublier d'indiquer la marche à suivre pour les cas non prévus ;
- utile, surtout par les économies de temps qu'elle apporte car elle développe des réflexes sûrs et étouffe toutes velléités d'interprétation personnelle ou arbitraire.

Les procédures de gestion, qui décrivent des actions propres au métier, doivent être rédigées par les responsables de la fonction finance-gestion.

Règles de rédaction

Toute procédure a comme support principal un imprimé standard.

La rédaction d'une procédure doit être claire. Lorsque les termes ou les expressions propres à une discipline sont utilisés, leur définition est donnée à l'intérieur d'un paragraphe intitulé « Lexique, terminologie, définitions ».

On utilise le présent de l'indicatif. Les abréviations extérieures à l'entreprise sont à proscrire, sauf si elles font partie du langage courant de la profession ; toute abréviation, aussi bien intérieure qu'extérieure à l'entreprise, est explicitée la première fois qu'elle apparaît dans le texte d'une procédure ou dans le paragraphe réservé aux définitions.

L'enchaînement des différentes phases ou opérations décrites dans la procédure peut être visualisé par des graphiques du type ordinogramme, circuit administratif…

Les zones périphériques de l'imprimé standard servent à indiquer :

- la société et le site, éventuellement ;

- le titre de la procédure ;
- le numéro de la procédure ;
- le ou les visas des personnes autorisées pour déclencher la mise en œuvre de la procédure ;
- la date d'émission, coïncidant normalement avec la date d'entrée en application.

Lorsque des documents de travail, imprimés ou autres, sont mentionnés dans une procédure, ceux-ci doivent être reproduits en annexe avec des écritures ou des chiffres représentant un cas réel et parfaitement possible (par exemple : calendrier et maquettes budgétaires). Des réductions de format ou des représentations schématiques ne sont pas à écarter à condition qu'elles ne nuisent pas à la compréhension du modèle.

Les instructions écrites ou modes opératoires regroupent tous les documents d'application, c'est-à-dire tous les documents autres que les procédures qui sont nécessaires pour la bonne réalisation d'une action. Il peut s'agir :

- de politique et d'objectifs généraux de l'entreprise ;
- de responsabilités dans le domaine du contrôle de gestion ;
- de calendrier annuel synthétisant les dates de sortie des documents de gestion ;
- de modèles de documents de gestion à utiliser.

Elles sont citées dans les procédures et peuvent être « appelées » par leur numéro d'identification, non indicé. Ceci permet de ne pas rendre obsolète une procédure lors de l'évolution des instructions écrites particulières.

Conseils

Le lecteur doit trouver dans la procédure les réponses aux questions qu'il se pose :

- Quoi : de quoi s'agit-il ?
- Qui : qui agit ? Avec qui ? Pour qui ? Qui est responsable ?
- Où : où cette action s'applique-t-elle ?
- Quand : quand doit-on appliquer ce qui est écrit ? Dans quel délai ?
- Comment : comment met-on en œuvre cette action ?
- Combien : toute quantification relative aux autres questions.

Fiche 16 RÉALISER DES SLIDES PERCUTANTS

Le diaporama est un support couramment utilisé en contrôle de gestion.

Il permet au contrôleur de gestion de présenter, par exemple, les résultats mensuels, le budget, un *business plan* ou la synthèse d'une étude.

C'est un outil très percutant pour maintenir l'attention d'un auditoire s'il est bien construit et animé. Il sert parfois juste de support écrit pour remonter de l'information.

Cependant, l'objectif n'est, ni de perdre un temps précieux à le construire, ni d'avoir un support qui perturbe plus les lecteurs qu'il ne les aide à retenir en synthèse ce qui est important.

Voici des clés utiles pour améliorer vos présentations en phase de conception du diaporama et de réalisation des diapositives.

CONCEVOIR SON DIAPORAMA

1. Comme pour tout exercice de communication, la première étape consiste à **définir son objectif** et **clarifier sa stratégie de communication** (cf. fiche 3).

2. Il faut ensuite **rassembler ses idées**. La carte mentale ou *mind map* peut être un outil intéressant pour les organiser par thème.

3. Avant de se lancer dans la rédaction des diapositives, il est recommandé de construire **un conducteur** qui reprendra le plan des arguments essentiels et qui identifiera les diapositives incontournables (celles marquées d'un x dans le tableau de la page suivante, bien utiles lorsque les temps de présentation sont parfois écourtés au dernier moment).

Exemple de conducteur :

PLAN	ARGUMENTS	DIAPOSITIVES
Introduction	Titre : objectif du public	x
	Pourquoi moi ?	
	Pourquoi ici et maintenant ?	
	Pourquoi vous ?	
	Présentation du plan	
Le début de l'histoire Une question Un verbe d'action	Titre 1re partie	x
	Message clé 1	x
	Message clé 2	
	Message clé 3	
	Synthèse 1re partie	x
La suite de l'histoire Une question Un verbe d'action	Titre 2e partie	x
	Message clé 1	
	Message clé 2	
	Message clé 3	
	Synthèse 2e partie	x
La fin de l'histoire Une question Un verbe d'action	Titre 3e partie	x
	Message clé 1	
	Message clé 2	
	Message clé 3	
	Synthèse 3re partie	x
Conclusion	En conclusion	x
	Synthèse 1re partie	x
	Synthèse 2e partie	x
	Synthèse 3e partie	x
	Synthèse finale	x
	Le message à retenir	x

Réaliser des diapositives

- Accrocher l'auditoire avec un titre simple qui est le point à retenir de la diapositive : une phrase de résumé, des chiffres, une question.
- Aider les lecteurs ou l'auditoire à se repérer dans la présentation en utilisant sur les diapositives une frise chronologique ou un symbole qui reprend le plan de la présentation et qui situe l'avancement.
- Illustrer et aérer les présentations en minimisant les textes ou les tableaux illisibles pour aider à mémoriser et attirer l'œil :
  - une idée par diapositive avec uniquement l'essentiel : des mots-clés (6 par ligne maximum) et des faits ;
  - des couleurs et des contrastes ;
  - une police de caractère lisible même du fond de la salle ;
  - des symboles (émoticones, feux tricolores…), qui respectent la symbolique universelle : le rouge quand ça ne va pas, le vert quand tout va bien par exemple… ; le contraire rendrait le lecteur ou l'auditoire perplexe ;
  - des dessins ou des photos pour illustrer le propos ;
  - des graphiques qui mettent le message en valeur.
- Donner du sens à la présentation pour captiver l'attention :
  - à l'oral, animer les diapositives pour faire apparaître les informations progressivement. Ainsi l'auditoire ne dépasse pas l'orateur en se perdant dans la lecture d'une diapositive trop riche et qui risque de lui faire perdre l'explication de l'orateur ;
  - mettre en évidence les chiffres clés d'un tableau ;
  - utiliser les « SmartArts » pour construire des schémas simples et synthétiques.
- Utiliser les liens hypertextes entre les diapositives pour permettre de mieux s'adapter en cas d'agenda bousculé pour accéder directement en un clic à l'information qui intéresse l'auditoire.

Toujours dépendants du produit A !

	Produit A	Produit B	Produit C	Ventes en K€
Janvier	85	25	9	119
Février	90	30	8	128
Mars	96	32	9	137
Avril	106	38	9	153
Mai	115	40	8	163
Juin	130	45	15	190
Total	622	210	58	890
% CA	70 %	24 %	7 %	100

Objectifs	550	200	100	850
Écart en %	113 %	105 %	58 %	105 %

À fin juin, 70 % des ventes viennent du produit A

CONSTAT | PROPOSITION | PLAN D'ACTION

Éviter les pièges les plus courants

- Trop de texte.
- Trop d'informations.
- Uniquement des tableaux.

Fiche 17 DÉFINIR CLAIREMENT LES TERMES DE GESTION

Le contrôle de gestion est utilisé par les dirigeants comme courroie de transmission des informations afin de coordonner les actions des différents acteurs. Encore faut-il que les informations qui circulent soient compréhensibles et comprises à l'identique par tous.

Il est donc nécessaire de constituer un dictionnaire des termes de gestion qui servira de référentiel en précisant les caractéristiques, la mesure et les responsables pour chaque indicateur.

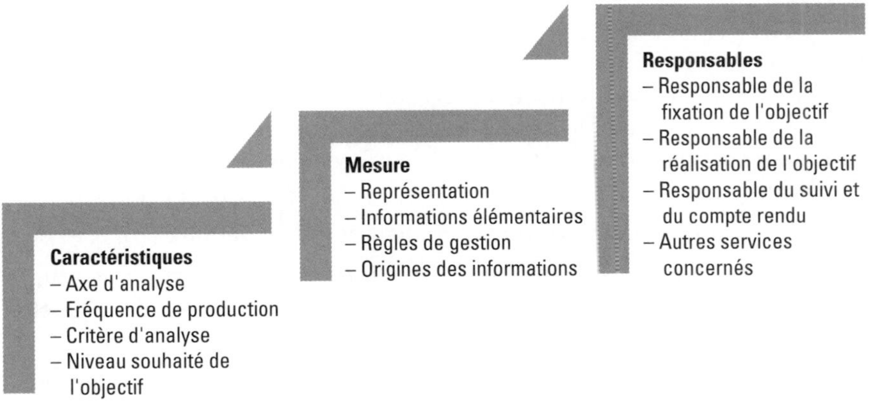

Définir les caractéristiques d'un indicateur

L'axe d'analyse précise l'angle et la profondeur d'analyse d'une donnée. Par exemple, veut-on analyser la marge commerciale par produit, par pays, par vendeur, ou par client ? Au sein d'un axe d'analyse, on définit les niveaux de détails croissants : zones, pays, régions, villes, agences...

La fréquence de la mesure dépend de la durée du cycle de décision et d'action de l'unité : de journalier à annuel. Elle augmente au fur et à mesure que l'on se rapproche du terrain. La rapidité d'élaboration et de diffusion doit être cohérente avec la fréquence et doit l'emporter sur la précision. Dans bien des cas, cet impératif conduira à procéder à des estimations (prévisions, abonnement...).

Le critère d'analyse précise quelle mesure est la plus pertinente : la valeur du mois, celle du cumul fin de mois, ou celle sur douze mois glissants ? Par exemple, pour un taux de déchet usine, compte tenu des aléas importants pouvant impacter la production, une analyse sur une valeur 12 mois glissants est plus pertinente.

Le niveau souhaité de l'indicateur peut correspondre à la norme observée sur le marché (qualité produit), à la demande des clients (délai de livraison), à la moyenne des réalisations observées au sein de l'entreprise (productivité)... Il est aussi dépendant des objectifs fixés sur les indicateurs liés (taux de service et niveau de stock).

Définir la mesure d'un indicateur

L'indicateur est une donnée objective, qui décrit un élément d'un point de vue quantitatif ou qualitatif. Il peut être exprimé par une valeur en euros (marge commerciale), un volume (ventes), un ratio (poucentage de commandes livrées dans les délais), un pourcentage d'avancement (plan d'action), un scoring (satisfaction client)...

Lorsque le choix de la représentation est fait, il reste à définir :

- Les informations élémentaires qui le constituent : pour réaliser un scoring, il s'agit de définir les trois ou quatre items qui seront évalués et l'échelle selon laquelle ils seront évalués.
- La règle de gestion qui précise le calcul réalisé pour produire l'indicateur ; par exemple pour une valeur de stock en fin de mois : est-elle valorisée en prix moyen pondéré, en FIFO, ou en valeur standard... ?

La source de ces informations doit être précisée et validée fiable. Il s'agit le plus souvent de désigner la base de données d'où elle est extraite. En cas de retraitement, il faut désigner le service responsable de son calcul.

Définir les responsables de l'indicateur

Le principal intéressé est le responsable qui met en œuvre les moyens permettant la réalisation de l'objectif qui lui a été délégué. Il peut agir sur le niveau de l'indicateur grâce à ses actions. L'objectif est habituellement fixé lors d'un entretien avec le responsable hiérarchique.

L'information de base doit être générée par les acteurs sur le terrain pour leur propre compte. Une personne nommément désignée assure la formation, la mise à jour et la diffusion de la mesure.

Est aussi utilisatrice, toute personne de l'entreprise dont les actions peuvent influencer les résultats mesurés par l'indicateur. Dans le cas d'indicateurs transversaux, seront utilisateurs les autres responsables qui contribuent également à améliorer le niveau de l'indicateur.

Exemple

Taux d'acquisition de nouveaux clients.

CARACTÉRISTIQUES	MESURE	RESPONSABLES
Solde de nouveaux clients	Ratio	DG fixe l'objectif
Mensuel	Nombre de clients acquis Nombre de clients perdus	Service commercial réalise l'objectif
Cumul fin de mois	Nombre de codes clients créés Nombre de clients n'ayant pas commandé depuis 6 mois	Service commercial assure le suivi et le compte rendu
Conquérir 10 % de nouveaux clients	Fichier clients	Autre service concerné : production

Conseils

- Prendre le temps de se mettre d'accord sur la définition des indicateurs afin d'éviter des discussions stériles sur le niveau de l'indicateur durant les réunions de management.

Fiche 18 AGENCER LE CONTENU D'UNE RÉUNION

Il faut apporter une grande attention à la préparation du contenu de la réunion. Les points à aborder sont résumés au travers du procédé mnémotechnique suivant :

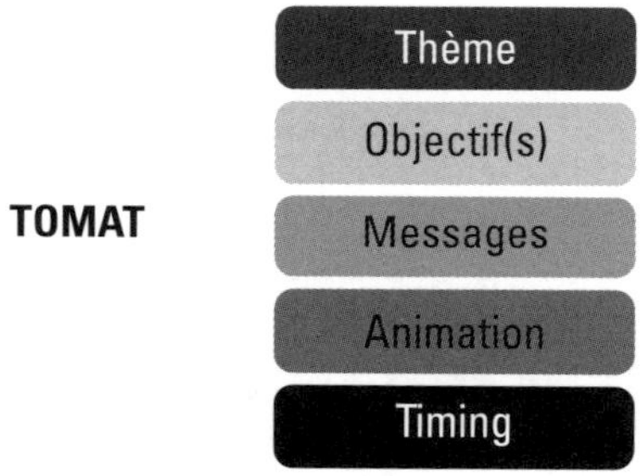

Le thème

Le thème doit être très précis.

> *Exemple : « L'appropriation du nouveau reporting budgétaire », et non simplement « Le budget ».*

Les objectifs

Les objectifs doivent être clairs pour tous les participants à la réunion.

> *Exemple : « Les services marketing doivent s'approprier le nouveau format du reporting budgétaire plus détaillé. »*

Les messages

Les messages représentent ce qui doit être retenu de la réunion. Trop souvent ils sont flous, inexistants ou noyés dans un détail de chiffres. Une bonne méthode consiste à travailler en premier sur les messages que l'on veut faire passer.

> *Exemple : « Un nouveau reporting budgétaire plus détaillé pour cerner au mieux les dépenses marketing qui représentent un montant significatif et croissant en rapport au chiffre d'affaires. »*

Conseils

Pour un contenu clair et percutant, il faut commencer par travailler sur les messages :

- Formaliser les messages que l'on veut faire passer.
- Les adapter à l'auditoire.
- Puis illustrer ces messages par des chiffres, des graphiques.

L'animation

Les modalités d'animation doivent être cohérentes avec l'objectif.

Pour une réunion d'information, la méthode la plus appropriée est l'information dite « descendante ».

Pour une réunion de travail sur des indicateurs (par exemple, définir les indicateurs de performance, de pilotage et d'éclairage pour un service), plusieurs méthodes d'animation peuvent être utilisées avec profit :

- Le « puzzle » : les participants organisés en trois sous-groupes travaillent chacun sur un des types d'indicateurs puis présentent leur travail aux deux autres sous-groupes.
- Le métaplan plus communément appelée méthode des post-it : chaque participant reçoit trois post-it et note sur le premier un indicateur de performance, sur le deuxième un indicateur de pilotage et, enfin, sur le troisième un indicateur d'éclairage. L'animateur fait ensuite la consolidation de tous les post-it regroupés en fonction des trois types d'indicateurs. C'est une réunion très participative et visuelle.

Le *timing*

Le *timing* global doit être conforme avec l'objectif de la réunion. Le timing de chaque partie de la réunion doit être travaillé et cohérent avec les modalités d'animation. Par exemple, une information « descendante », sans participation active des participants ne doit pas excéder une vingtaine de minutes.

Éviter les pièges les plus courants

- Chiffres et commentaires trop détaillés entraînant une confusion.
- Des messages confus.
- Pas de messages.

Fiche 19 ORGANISER LA LOGISTIQUE D'UNE RÉUNION

80 % du succès d'une réunion réside dans sa préparation. Il convient donc de ne pas négliger les questions logistiques en amont.

Les points à aborder sont résumés au travers du procédé mnémotechnique suivant :

- **D** – Durée
- **A** – Auditoire
- **S** – Salle
- **T** – Thème
- **O** – Objectif(s)
- **P** – Plan
- **O** – Outils
- **S** – Suivi

La durée de la réunion

Trop souvent nous avons tendance à prévoir la durée d'une réunion et, ensuite seulement, le contenu. La logique est pourtant de faire l'inverse. La durée doit être en rapport avec les objectifs de la réunion et le nombre de points à inscrire à l'ordre du jour.

L'auditoire

En phase de préparation, il s'agit de clarifier :

- Le **nombre** de personnes qui doit être cohérent avec l'objectif de la réunion. S'il s'agit d'une réunion d'information, peu importe le nombre (il faut valider que la salle soit d'une taille adaptée). S'il s'agit d'une réunion de travail, mieux vaut éviter de dépasser huit personnes.

- Les **freins** et les éventuels *a priori* des personnes présentes. Si l'auditoire est globalement favorable au projet qui leur est présenté, il convient de terminer par les arguments les plus forts afin de rester sur un ton positif et convaincant pour l'auditoire.
- Le **niveau de connaissance ou d'expertise** nécessaire notamment pour une réunion ayant pour objectif de prendre des décisions. Il faut avoir les « bonnes » personnes.

La salle

Il convient de s'assurer que les conditions matérielles sont conformes :

- la taille de la salle, son aménagement (tables, chaises) ;
- un équipement (vidéo-projecteur) en état de marche et compatible avec son PC ;
- de la tranquillité.

Le thème

Le thème doit être très précis.

> *Exemple : « Le planning d'élaboration du budget », et non simplement « Le budget ».*

Les objectifs

Les objectifs doivent être clairs pour tous les participants dès l'envoi de l'ordre du jour.

> *Exemple : « Valider la disponibilité de tous dans le cadre du planning d'élaboration du budget. »*

Le plan

L'ordre du jour doit être :

- précis (il doit citer les intervenants autres que l'animateur de la réunion) ;
- adapté à la durée de la réunion ;
- diffusé suffisamment tôt afin de permettre aux participants dont on attend une contribution de se préparer.

Les outils

Les outils sont les supports (par exemple, un fichier PowerPoint) pour animer la réunion et les éventuels documents remis aux participants (par exemple, un calendrier d'élaboration du budget).

Le suivi

Certains types de réunions nécessitent la rédaction d'un compte rendu. Il vaut mieux éviter en tant qu'animateur de la réunion de rédiger le compte rendu car il est compliqué de faire les deux. Il faut trouver en amont qui peut le formaliser et, dans le cas de réunions répétitives, faire en sorte que ce ne soit pas toujours la même personne qui s'en charge.

Conseils

Pour un compte rendu d'une réunion répétitive, préparer un « précompte rendu » où figurent :

- le format.
- les rubriques.

Éviter les pièges les plus courants

Cette phase préparatoire est également utile pour éviter les principales erreurs qui entraînent l'échec de la réunion :

- manque de préparation ;
- pas d'animation de la réunion ;
- pas d'écoute ;
- mauvais jour, mauvaise heure ;
- trop de points à l'ordre du jour ;
- ordre du jour non respecté, retard dans son déroulé ;
- pas les bonnes personnes présentes ;
- des conditions matérielles inadaptées.

PARTIE 2

PRATIQUER LA COMMUNICATION

Fiche 20 SE PRÉSENTER/INTRODUIRE

Au démarrage de tout moment de communication, que ce soit pour prendre la parole devant un public ou simplement conduire un entretien ou animer une réunion, il s'agit d'éveiller l'intérêt et de rassurer les interlocuteurs sur le but et les circonstances de l'échange. Il faut pouvoir également intéresser tous les types de profil (cf. fiche 4).

L'introduction doit ainsi permettre de couvrir les **4 P** :

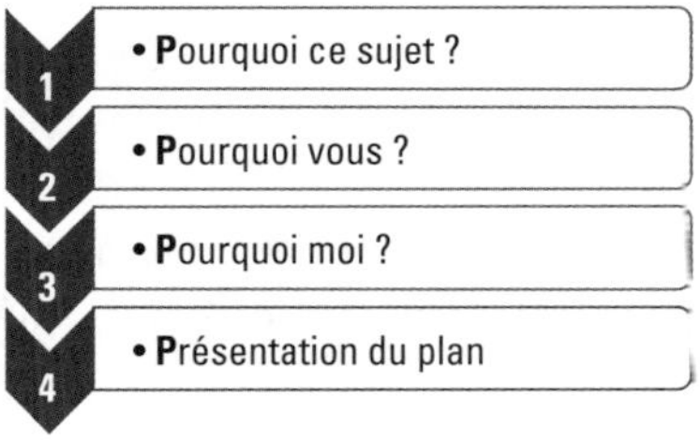

POURQUOI CE SUJET ?

Dans cette première partie, il s'agit d'accrocher l'auditoire ou les interlocuteurs pour qu'ils comprennent pourquoi on va parler de ce sujet ici et maintenant.

Si l'on a un support de présentation, pour accrocher l'auditoire, on peut utiliser une photo énigmatique ou bien qui parle d'elle-même, un chiffre clé facile à retenir, une question choc…

C'est également à ce moment-là que l'on doit cadrer le sujet : par exemple, on ne parlera pas du tableau de bord en général mais des indicateurs qui concernent les stocks en particulier car leur gestion est devenue cruciale pour la maîtrise du cash.

Enfin il est essentiel de partir sur un objectif commun par rapport à ce temps de communication : il faut clarifier dès le début ce que l'on veut que l'auditoire ou les interlocuteurs sachent, pensent ou fassent à l'issue de l'échange par rapport au sujet.

Le cadre ainsi bien défini permet de capter l'attention des personnes pragmatiques centrées sur les « Faits » (cf. fiche 7).

Pourquoi vous ?

Il s'agit ensuite de mobiliser l'attention des interlocuteurs pour qu'ils comprennent pourquoi ils ont intérêt à nous écouter ou à participer à l'échange aujourd'hui : sont-ils les seuls concernés ? Irons-nous rencontrer d'autres personnes également impliquées ?...

On peut ainsi leur rappeler quels sont leurs enjeux dans le contexte actuel ou futur par rapport à « y a-t-il urgence ou non ? »... Une projection vers le futur suscite particulièrement l'attention des personnes centrées sur les « Idées » (cf. fiche 8).

On peut ensuite évoquer leurs éventuels freins ou attentes pour montrer qu'on est concerné par leurs attentes et qu'on a pris en compte leurs points de vue, ce qu'apprécieront particulièrement les personnes orientées « Hommes » (cf. fiche 6).

En enfin, on peut évoquer leurs besoins pour atteindre l'objectif et les rassurer sur les conditions matérielles de l'entretien (temps prévu, moment des questions/réponses...).

Pourquoi moi ?

Au début d'un entretien ou d'une prise de parole, il faut souvent s'assurer que les interlocuteurs comprennent bien pourquoi je me présente à eux sur ce sujet.

Quelle est ma légitimité ? Il faudra tâcher de la résumer en quelques mots :

- Est-ce le fruit de l'**expérience** ? Dans cette entreprise, ailleurs, liée à mes études ?
- S'agit-il d'une **mission** que m'a confiée mon supérieur hiérarchique, le comité de direction ?
- Cela fait-il partie de ma **fonction** de contrôleur de gestion ? Je ne suis pas là que pour mesurer mais également aider à mieux prévoir et à agir.

Présentation du plan

Enfin, avant de commencer l'entretien ou la présentation, on peut rassurer et guider l'auditoire ou les interlocuteurs en annonçant la structure de l'échange.

Cette phase sera particulièrement bien appréciée par les personnes ayant un profil « Méthodes » (cf. fiche 5).

Conseils

- Le plus difficile est de bien cerner le deuxième point « pourquoi vous ». Si vous connaissez peu vos interlocuteurs, tâchez de vous renseigner au préalable sur eux : questionnez leur supérieur, leurs collègues, leurs équipes. Quel est leur profil, quelles sont leurs craintes, leurs questions ?...
- Si vous devez vous adresser à un large auditoire, tâchez de rencontrer une ou deux personnes du public concerné pour apprendre à mieux les connaître...

Fiche 21 POSER DES QUESTIONS

Le contrôleur de gestion doit être en mesure de poser différents types de question afin de pouvoir analyser les chiffres, les situations, au cours d'entretiens, de réunions.

Cinq types de questions peuvent lui être utiles : c'est le **guide** des questions.

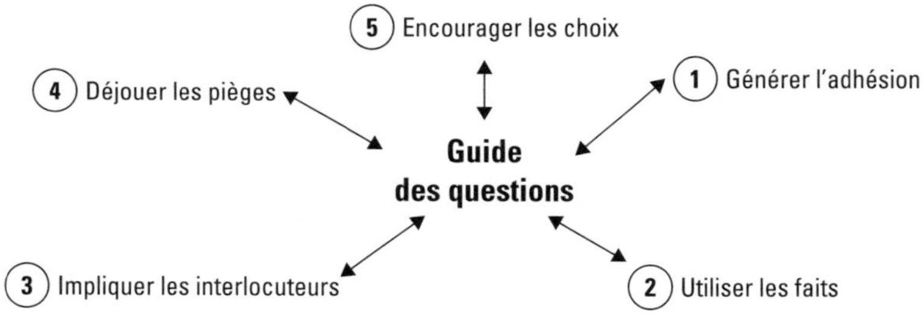

Générer l'adhésion

Il s'agit de questions fermées pour obtenir comme réponse un « oui ». Ces questions sont utiles :

- Au début d'un entretien car elles donnent alors un ton positif. Il convient de les préparer en amont, afin d'avoir effectivement une réponse positive, par exemple : « Cela fait 5 ans que vous êtes dans l'entreprise, n'est-ce pas ? »
- En cours d'entretien, elles montrent que l'on « avance ensemble ». Elles ne se préparent pas en amont mais se vivent dans l'instant
- À la fin de l'entretien, elles permettent de valider que l'entente est bien là, par exemple : « Notre entretien avait pour objectif de nous mettre d'accord sur une méthode de travail. Est-ce clair pour vous ? »

Utiliser les faits

Il s'agit de questions ouvertes portant sur les faits, les chiffres. Elles sont très utilisées par le contrôleur de gestion puisqu'elles vont lui permettre d'analyser les chiffres.

> *Exemple : « Qu'est-ce que cette baisse du chiffre d'affaires ? »*

Impliquer l'interlocuteur

Ce sont des questions ouvertes portant sur les sentiments, les opinions des interlocuteurs.

> *Exemple : « Que pensez-vous de l'évolution du chiffre d'affaires ? » Après avoir posé ce type de question, il faut laisser à l'interlocuteur le temps pour répondre. Il serait très maladroit, voire incorrect de ne pas respecter le temps de réflexion avant que la réponse soit exprimée.*

Il peut être utile de poser une question paradoxale (exemple « que n'aimeriez-vous pas avoir comme information ? ») car on a parfois plus de facilité à exprimer ce que l'on ne veut pas que ce que l'on veut.

Déjouer les pièges

Il s'agit de ne pas répondre trop vite mais de poser une question ouverte pour faire préciser afin d'être en mesure de cibler sa réponse.

> *Exemple : L'interlocuteur dit qu'il souhaite enrichir son tableau de bord. Il faut lui demander : « Que signifie pour vous enrichir le tableau de bord ? »*

Encourager les choix

On propose sous forme interrogative deux options.

> *Exemple : « Organisons-nous notre prochaine réunion mardi matin ou mardi après-midi ? »*

Dans 70 % des cas, c'est l'option exprimée en dernier qui sera retenue car on se souvient mieux de ce que l'on a entendu en dernier. Toutefois cela fonctionne si les deux options ne sont pas trop distinctes l'une de l'autre.

Conseils

- Utiliser tous les types de questions : cela permet d'être plus percutant.
- Poser des questions « Columbo » : à la fin d'un entretien, il s'agit de demander quel est le point majeur pour l'interlocuteur. Sorti du contexte et du contrôle de soi, celui-ci sera plus enclin à répondre.

Éviter les pièges les plus courants

Poser toute une batterie de questions fermées, ce qui peut donner un ton trop incisif.

Fiche 22 PRATIQUER L'ÉCOUTE ACTIVE

C'est parce que votre interlocuteur se sent écouté et compris, qu'il peut à son tour vous écouter et vous comprendre. Savoir écouter permet de recueillir des informations précises à transmettre, de mieux comprendre les attentes de son interlocuteur et, ainsi, d'adapter ce que l'on a à écrire ou à dire. Toutefois, écouter ne va pas de soi et nécessite un effort pour mettre de côté ses pensées, ses valeurs et ses sentiments.

L'écoute active est une méthode de communication qui permet de conduire et de maîtriser un entretien, en adoptant une attitude et des comportements d'ouverture et de disponibilité. Elle est basée sur six principes fondamentaux :

Manifester l'écoute	Pauser des silences	Poser des questions
Reformuler	Se synchroniser	Regarder l'autre

MANIFESTER L'ÉCOUTE

N'interrompez pas votre interlocuteur. Encouragez-le plutôt à parler et à développer sa pensée par des petits signes, par exemple en reprenant ses derniers mots ou en hochant la tête… Prenez des notes, votre interlocuteur en sera flatté. Repérez ses comportements non verbaux car la communication ne se fait pas qu'avec des mots ; tout le corps fait passer des messages.

PAUSER DES SILENCES

Faites œuvre de patience en accordant toute votre attention à votre interlocuteur, même s'il a du mal à exprimer son point de vue. Respectez ses pauses car elles sont pour lui l'occasion de rassembler ses idées. De même, obligez-vous à ne pas devancer sa pensée en le laissant terminer ses phrases ; cela pourrait finir par l'agacer.

Variez les intonations de votre voix en fonction des sentiments à communiquer : le silence met un mot, une phrase en relief, remplace une transition, donne à votre interlocuteur le temps d'enregistrer vos informations.

Poser des questions

Si vous ne pouvez prévenir les distractions mentales, vous pouvez y réagir en posant des questions. Cela oblige votre esprit à rester actif. Si vous n'avez pas bien compris une réponse, faites clarifier ; si l'échange est trop superficiel, creusez le sujet avec des questions ouvertes. En outre, cela manifeste votre intérêt à votre interlocuteur. Soyez vigilant, car il est plus ou moins opportun de poser certaines questions à tel ou tel moment, sous telle ou telle forme, dans tel ou tel ordre (cf. fiche 21)…

Reformuler

La reformulation permet :

- de s'assurer qu'on a bien compris la question de son interlocuteur ;
- d'inciter son interlocuteur à préciser, à développer ou à clarifier tel ou tel argument ;
- de fragmenter un propos un peu long en proposant une synthèse ;
- de manifester son intérêt et de stimuler sa propre écoute.

Pour clarifier une expression ou tout le discours de votre interlocuteur, formulez dans vos propres mots et vérifiez si ce que vous avez compris concorde avec ce qu'il a dit : par exemple, « si j'ai bien compris, vous… », ou « en d'autres mots, vous dites que… » (cf. fiche 23).

Se synchroniser

Il s'agit de mettre votre interlocuteur à l'aise en adoptant une attitude physique et émotionnelle conforme à la sienne. Trouvez la bonne distance physique pour communiquer en vous assurant de respecter son espace vital. Adoptez une attitude semblable à la sienne (s'il sourit, vous aussi ; s'il fait la tête, vous aussi) et accordez vos gestes avec les siens. Même chose en ce qui concerne le ton et le débit de votre voix. Tout en conservant votre propre style vestimentaire, adaptez votre look aux circonstances et au milieu ambiant.

Regarder l'autre

Le regard est un des moyens les plus puissants pour établir ou maintenir une relation, et abolir ponctuellement les signes extérieurs d'une hiérarchie. N'hésitez pas à vous pencher vers votre interlocuteur, souriez, essayez de mémoriser la couleur de ses yeux.

En résumé

- Je questionne et j'invite à parler.
- J'annonce que j'écoute (un mot, un geste, une attitude).
- Je me tais.
- J'entends ce qu'il me dit, j'observe ce qu'il montre.
- Je questionne (que la question soit ouverte ou fermée).
- J'écoute les réponses (je prends des notes).
- Je reformule (ses mots ou les miens).
- J'attends qu'il acquiesce ma reformulation.

Fiche 23 PRATIQUER LA REFORMULATION

La reformulation est **une des techniques de l'écoute active** (cf. fiche 22). C'est une manière, pour le récepteur de l'information, de donner un **feedback** à l'émetteur garant d'une vraie communication efficace. Les mots n'ont, en effet, pas toujours le même sens pour tous, nous ne percevons pas tous les mêmes choses.

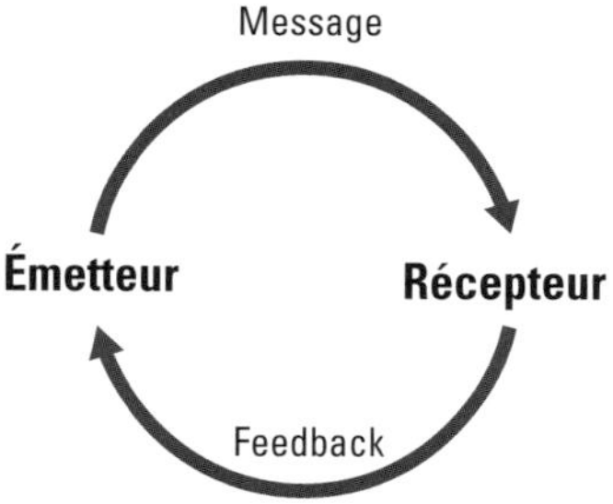

Le but de la reformulation est, non seulement de vérifier qu'on a bien compris les besoins et les attentes de l'interlocuteur, mais que l'on a également saisi ses sentiments. Il s'agit de dire avec ses propres mots ce que l'on a perçu de ce que vient de nous dire l'interlocuteur.

Elle a toute son importance car :

- elle permet de vérifier avec son interlocuteur qu'on l'a bien compris ;
- elle lui laisse la possibilité de nous corriger si tel n'est pas le cas ;
- elle lui donne un temps de réflexion complémentaire par rapport à ce qu'il vient de dire et lui permet peut-être d'approfondir ou de préciser sa pensée.

Pour garantir que l'interlocuteur ne se braque pas, parce qu'il pourrait penser qu'on interprète mal sa pensée, il vaut mieux prendre quelques précautions oratoires :

- En utilisant des formules telles que : « si je vous ai bien compris, si je ne me trompe pas, si j'ai bien saisi ce que vous voulez dire… ». En utilisant le pronom « je », le propos est indiscutable et ne peut donc pas être considéré comme agressif puisqu'il s'agit de votre propre compréhension.
- En utilisant une paraphrase sur un mode interrogatif (par exemple : « vous voulez dire que ? »), on invite l'interlocuteur à donner ou non son approbation.

Conseils

- Être vraiment présent à l'interlocuteur pour être capable de détecter tous les signes qui peuvent nous permettre de déceler ses sentiments, en étant capable, par exemple, de décoder également la communication non verbale (cf. fiche 47).
- Pour y parvenir, mieux vaut donc être disponible pour l'entretien et bien regarder son interlocuteur en évitant d'être trop accroché à ses notes ou à ses tableaux.

Quelques exemples :

PROPOS DE L'ÉMETTEUR	REFORMULATION POSSIBLE
Les objectifs fixés sont comme d'habitude inatteignables !	Si je vous comprends bien, chaque année, vous n'atteignez jamais les objectifs qui vous sont imposés et cela vous énerve, c'est bien cela ?
Qu'est-ce que c'est que ces nouveaux indicateurs ?	J'entends un peu de consternation à la présentation de ces nouveaux indicateurs, je me trompe ?
Oui les autres sont toujours meilleurs que nous… mais ils n'ont qu'à venir ici, on verra s'ils sont toujours aussi bons !	Voulez-vous dire que vos résultats sont moins bons parce que vous avez le sentiment d'être sur un territoire plus difficile que les autres ?
Le siège veut des chiffres, toujours des chiffres ; pendant ce temps on ne fait pas notre vrai métier !	Vous semblez dire que vous ne pouvez pas répondre à toutes les demandes du siège tout en assumant vos tâches quotidiennes et que vous n'en pouvez plus : est-ce bien cela ?
Si on avait un système d'information plus performant, on pourrait leur remonter les chiffres plus rapidement… Mais ils ne veulent pas investir dans ce qui est utile !	J'entends qu'on vous a dit que les améliorations du système d'information ne sont pas à l'ordre du jour et que cela vous désole car vous devez faire plein de choses manuellement… C'est ça ?
Ils m'obligent à retraiter toute l'information comme si je n'avais que cela à faire !	Vous semblez débordé et contraint par les retraitements que vous n'aviez pas prévu de faire, je me trompe ?…
Je ne comprends rien à leurs procédures.	Vous voulez dire que le sens des procédures ne vous a pas été bien expliqué ?

Attention, la reformulation est un moyen de vérifier que l'on a bien une compréhension commune de ce qui est dit au cours d'un dialogue. Elle ne vise pas à creuser la pensée de l'autre, ce qui peut être fait de bien meilleure façon avec la technique du questionnement (cf.fiche 21), qui peut suivre une reformulation pertinente.

Fiche 24 S'ORIENTER CLIENT

LES CLIENTS DU CONTRÔLEUR DE GESTION

Le contrôleur de gestion doit prendre en compte deux grands types de clients dans ses missions :

	CLIENTS EXTERNES	CLIENTS INTERNES
Qui ?	Les entreprises ou les particuliers qui achètent les produits ou services.	Les collègues Les collaborateurs La hiérarchie Les autres services de l'entreprise
Pourquoi ?	Même si ce sont les populations commerciales qui ont davantage de rapports directs avec eux, ils doivent être au centre de toutes les préoccupations de toute l'entreprise. En effet, l'amélioration de la profitabilité par la réduction des coûts ou l'amélioration de la valeur perçue du produit et de son prix, ne doivent pas sacrifier la satisfaction client, garantie de sa fidélité, de l'image et de la réputation de l'entreprise, du bouche-à-oreille…	Ce sont les principaux clients directs du contrôleur de gestion : – dont il peut être le co-pilote en les aidant à mesurer, prévoir ou agir ; – avec lesquels il participe à la recherche de solutions (cf. fiche 25) ; – desquels il obtient de l'information capitale pour fiabiliser ses données ; – avec lesquels il fait évoluer les systèmes, les procédures, les process… La qualité de la relation est gage de confiance, d'une réelle relation de *business partner* sur le long terme.

S'ORIENTER CLIENT

C'est :

- prendre le point de vue du client pour guider l'action ;
- écouter, décider, agir en empathie avec le client, c'est-à-dire avec la capacité à se mettre à la place du client en identifiant et en ressentant ses besoins, ses pensées, ses sentiments.

Mais ce n'est pas forcément être d'accord avec lui : c'est faire en sorte qu'il ressente qu'on l'a compris, même si on ne peut pas toujours satisfaire ses attentes.

S'orienter client, c'est :

- comprendre ses attentes :
  - les attentes **opérationnelles** (obtenir des chiffres, des réponses, des conseils, un service… qui influeront sur la qualité du service rendu) ;
  - les attentes **relationnelles** (être bien accueilli, écouté, compris, rassuré, apprécié, satisfait… qui détermineront la qualité de la relation perçue) ;
- représenter sa fonction, son service face à eux (cf. fiche 65) ;
- faire face à leurs exigences ;
- traiter les éventuels litiges pour garantir la qualité relationnelle (cf. fiches 50 et 51).

Garantir la qualité de service

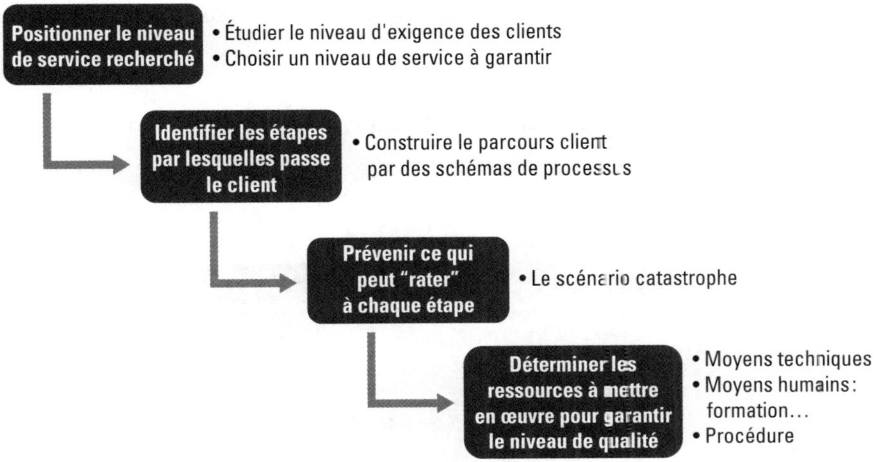

Conseils

- Valoriser le bénéfice client plutôt que décrire une situation : au lieu de : « Je te donne ces chiffres dans une demi-heure », préférez : « Dans une demi-heure, tu pourras faire les tris que tu veux à partir des chiffres ».
- Pour valider la satisfaction du client, utilisez la question « voiture-balai » : « Avez-vous toutes les informations que vous souhaitiez ? » ; « C'est bien ce que vous vouliez ? »...

Garantir la qualité de la relation

Les principales qualités humaines à mobiliser :

- **Disponibilité** : être réellement présent, réactif, proactif, porter un réel intérêt au client.
- **Esprit de service** : être l'instrument de sa satisfaction, résoudre les frictions quotidiennes en allant au-delà de ce qu'il attend, anticiper et accompagner ses changements.
- **Confiance** : avoir confiance dans ce qu'il dit, être sincère et tenir ses engagements.
- **Transparence** : être clair et précis dans ses propos.
- **Reconnaissance** : lui faire ressentir qu'il est au cœur de la relation, le remercier.

Pour faire face aux exigences clients, il faut se souvenir de la trémie de la communication :

Tout ce que je sais dire

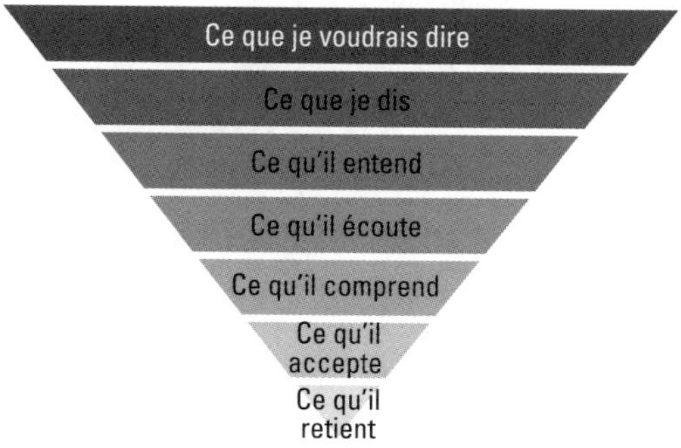

Et ce qu'il risque de retransmettre

Donc, il est indispensable d'utiliser toute la boîte à outils de la communication :

- Répéter et reformuler (cf. fiche 23).
- Questionner souvent (cf. fiche 21).
- Prendre des notes.
- Structurer l'entretien (cf. fiche 34).
- Être congruent (cf. fiche 47).
- Éviter les mauvaises interprétations :
  - éviter de formuler des opinions contestables ;
  - oser formuler ou reformuler un sentiment ;
  - s'exprimer par des faits incontestables et précis.
- Éviter certains mots et expressions :
  - les mots négatifs (problème, souci...) ou les expressions négatives (n'hésitez pas à...) ;
  - les mots vagues (informations, demande...) ;
  - les expressions barbelées qui font grincer des dents : « non, c'est impossible », « vous avez mal compris »... ;
  - les expressions dubitatives qui basent la relation sur l'incertitude : « je doute fort que »...

et les remplacer par des formules positives et affirmatives.

> *Exemple :*
>
> *Formule négative : « Ne pensez-vous pas qu'il soit préférable de changer le process ? »*
>
> *Formule neutre : « Pensez-vous qu'il soit préférable de changer le process ? »*
>
> *Formule positive et affirmative : « Le mieux pour vous, c'est d'améliorer le process... »*

Fiche 25 S'ORIENTER SOLUTION

Dans le cadre de ses missions, le contrôleur de gestion, copilote de l'action du manager, se doit de l'aider à agir ou réagir pour pouvoir atteindre les objectifs.

Pour résoudre les problèmes qui empêchent de réaliser les prévisions, la plupart des personnes ont tendance à poser les questions suivantes au cours de leur analyse :

- Qu'est-ce qui ne va pas ?
- Pourquoi as-tu ce problème ?
- En quoi est-ce si grave ?
- À qui la faute ?

Avec cette série de questions, on tourne les interlocuteurs vers le passé, on cherche les coupables, on fait chauffer la marmite qui bout déjà… Les personnes confrontées au problème se sont en effet souvent déjà posé ce genre de questions… sans avoir réussi à résoudre le souci… Ces questions risquent donc de générer de la lassitude, voire de l'agressivité, si les interlocuteurs considèrent qu'on minimise les efforts qu'ils ont déjà déployés dans un domaine qu'ils connaissent souvent mieux que le contrôleur de gestion.

L'atout du contrôleur de gestion est alors d'aider les managers à adopter un autre point de vue en les tournant vers l'avenir et en identifiant dans le présent ce qui pourrait les aider à réussir. Pour y parvenir voici donc une autre série de questions qui aideront le manager à s'orienter solution :

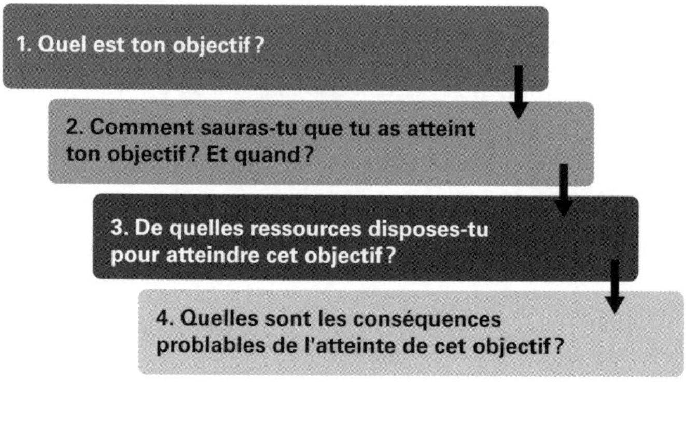

« Quel est ton objectif ? »

Aider le manager à se rappeler ou définir son objectif l'oriente automatiquement vers le futur. Cependant cet objectif doit être défini le plus clairement possible pour qu'il ait quelque chance d'être atteint. Il doit être SMART, c'est-à-dire :

Spécifique, ce qui implique qu'il ne concerne qu'une seule personne ou un seul service spécifique.

Mesurable, c'est-à-dire qu'on sera en mesure de vérifier l'atteinte de l'objectif.

Ambitieux, ce qui suppose une amélioration par rapport à l'existant.

Réaliste afin de ne pas démotiver les équipes avant qu'elles se mettent à la tâche.

Timing défini sinon on sera incapable de pouvoir mesurer l'atteinte.

Une manière peu élégante, mais assez concrète, de bien définir cet objectif est de le formuler de la manière suivante : « Que le Qui est Quoi Quand ? ».

« Comment sauras-tu que tu auras atteint ton objectif et quand ? »

Si l'objectif a été défini de façon SMART, il sera mesurable selon un timing défini ce qui permettra de répondre facilement à ces questions.

« De quelles ressources disposes-tu pour atteindre cet objectif ? »

Au lieu de chercher un coupable, comme dans la première série de questions, ce qui a tendance à restreindre l'analyse, il s'agit ici d'aller explorer le champ des possibles pour montrer au manager combien ses atouts sont plus importants que ce qu'il pensait au départ. Une séance de *brainstorming* (cf. fiche 27) peut aider à les lister. Voici déjà quelques pistes :

- De quelles **ressources humaines** peut-il disposer ? En interne ? Dans d'autres services ? En externe (y compris stagiaires, recrutement, consultants…) ? Quelles compétences doivent être développées ? Quel soutien de la hiérarchie pourrait aider à l'atteinte de l'objectif ? Quel changement d'organisation pourrait être un élément facilitateur ?

- De quels **moyens financiers** peut-il bénéficier : budget complémentaire, économie sur d'autres lignes budgétaires, subvention, gains additionnels, crédits… ?
- Quels **atouts techniques** peuvent être mobilisés : réforme d'ancien matériel, achat de nouvelles machines, automatisation, standardisation, adaptation des méthodes, du process ou des procédures, changement de matières premières ?…
- Quelles **caractéristiques de l'environnement** pourraient contribuer ou non à l'atteinte de l'objectif : conditions climatiques, géologiques, sanitaires, législatives, politiques, économiques ?…

Certaines de ces ressources peuvent être immédiatement mobilisables, d'autres peuvent être obtenues à plus ou moins brève échéance : au manager ensuite de classer ces ressources.

Il s'agit là de voir comment il est possible d'agir tout de suite dans le présent pour garantir l'atteinte de l'objectif dans le temps fixé. Si nous voulons atteindre + 5 % de croissance du chiffre d'affaires dans 6 mois, il ne s'agit pas d'imaginer qu'en embauchant des nouveaux vendeurs, la solution est réaliste : ils ne seront peut-être disponibles qu'après leur préavis de 3 mois et une période de formation de 1 mois, et leurs premiers mois de prospection ne permettront peut-être pas de transformer les plus gros prospects en clients miraculeux !

« Quelles sont les conséquences possibles de l'atteinte de l'objectif ? »

Cette question permet d'anticiper la situation future et de bien voir toutes les conséquences du nouvel état recherché pour vérifier avec le manager qu'il ne se fourvoie pas dans la définition de l'objectif qu'il cherche.

Tant que rien n'a été activé, il est toujours temps de revoir son objectif !

Un atelier pourrait par exemple être capable d'augmenter sa productivité de 20 % en changeant de machine, mais le service maintenance n'a pour l'instant pas les compétences pour l'entretenir… d'où des coûts supplémentaires à prévoir…

Conseils

- Le contrôleur de gestion dans sa mission de mesure et d'explication des résultats a une tendance assez naturelle à se tourner vers le passé... C'est donc à lui d'être vigilant pour orienter ses interlocuteurs vers le futur... La direction générale est avant tout préoccupée par l'atteinte des objectifs qui permettent de voir la réussite, ou non, de la mise en place de la stratégie.
- Pour orienter ses interlocuteurs vers le futur, le contrôleur de gestion dispose d'outils de communication comme cette série de questions, mais aussi d'outils plus techniques comme les re-prévisions ou les calculs de reste à faire sur les projets. À lui de challenger, comme à l'accoutumée, ses interlocuteurs sur la fiabilité de ces re-prévisions en fonction des actions décidées.
- Enfin, rappelons-nous que les solutions qui seront mises en place le plus facilement par les opérationnels seront celles qu'ils auront trouvées eux-mêmes : le contrôleur de gestion doit donc éviter de vouloir imposer ses propres solutions aux managers. Son rôle est de les orienter, de les inciter, de les aider mais pas de se substituer à eux.

Fiche 26 ANIMER UNE RÉUNION DE TRAVAIL

Animer une réunion de travail, c'est être conscient des rôles de l'animateur de réunion.

UN RÔLE DE PRODUCTION

L'animateur doit mettre en œuvre tout ce qui est nécessaire à l'atteinte des objectifs ou des résultats de la réunion.

> *Exemple :*
> *Sur le plan logistique :*
> *– prévoir le lieu, la durée et la date de la réunion ;*
> *– inviter les participants en leur précisant l'ordre du jour et l'objectif de la réunion ;*
> *– organiser le secrétariat de la réunion ;*
> *– diffuser le compte rendu ;*
> *– etc.*

L'animateur « encadre » la réunion en amont et en aval.

UN RÔLE DE FACILITATEUR

L'animateur apporte ou propose au groupe des moyens qui facilitent sa production.

Toutes les techniques de communication (reformulation, écoute active, relance, etc.) entrent dans la panoplie de l'animateur facilitateur, ainsi que certains outils pl us spécifiquement adaptés à tel ou tel type de réunion.

Pour une réunion d'information, ces outils peuvent être un exposé : une synthèse sur affiche ou sur support PowerPoint, la présentation d'une vidéo, un témoignage, etc.

Pour une réunion de consultation, l'animateur organisera un tour de table, une séance de *brainstorming*, un listage, du métaplan, etc.

Pour une réunion de décision, l'animateur utilisera les outils de la réunion de consultation mais aussi d'autres techniques d'aide à la décision : vote pondéré, Pareto, arbre d'Ishikawa en « arête de poisson », etc.

UN RÔLE DE RÉGULATEUR

L'animateur doit agir sur l'ambiance et sur les relations entre les participants en utilisant des techniques de communication, afin de faciliter la production du groupe et l'atteinte des objectifs de la réunion. Il doit donner l'exemple d'une attitude respectueuse et bienveillante.

Conseils

La qualité de l'animation dépend de la préparation. Il convient de préparer une liste des points à examiner en amont.

1	Définir le sujet
2	Fixer l'objectif
3	Choisir la méthode d'animation
4	Décider qui inviter
5	Décider quand faire la réunion
6	Choisir et retenir le lieu
7	Organiser son introduction de réunion
8	Prévenir les intéressés
9	Installer la salle
10	Vérifier le matériel

Éviter les pièges les plus courants

- Ne pas avoir assez préparé la réunion en amont.
- Pendant la réunion, ne pas conserver son rôle d'animateur, ne pas faire preuve d'écoute active.

Fiche 27 ANIMER UN *BRAINSTORMING*

La réunion de *brainstorming* est un outil puissant qui fait appel à la **créativité collective** pour trouver des solutions qui amélioreront la performance de l'entreprise ou du service (cf. fiche 25).

Pour garantir sa réussite, il s'agit cependant de respecter quelques règles et d'utiliser quelques outils.

La règle des trois tiers

Le *brainstorming* est un processus dont le succès dépend des trois phases suivantes, qui doivent chacune représenter à peu près un tiers du temps à consacrer au *brainstorming* :

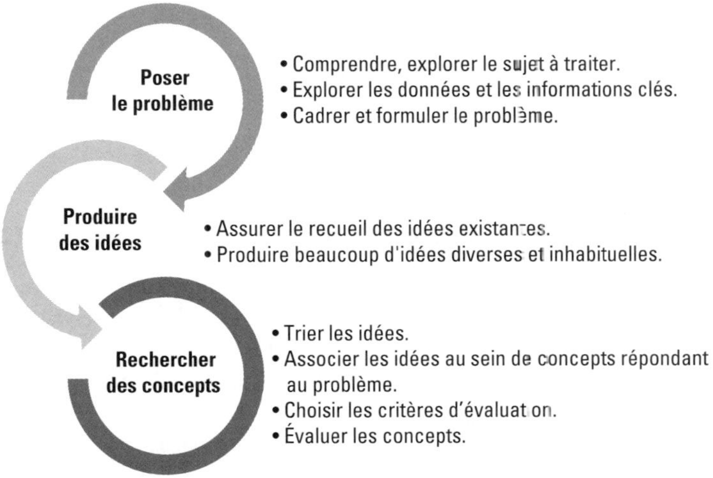

Poser le problème

Le but est d'énoncer le problème pour que toutes les personnes qui participent au *brainstorming* en aient la même compréhension.

Quand il est difficile à définir, on peut utiliser la technique des questions paradoxales qui sont des reformulations de la problématique initiale ou des formulations d'une partie de cette problématique.

On demande à chaque participant d'écrire individuellement sur des post-it, des questions sous la forme : « comment…, alors que… ».

L'animateur devra juste s'assurer qu'il y a convergence entre la question proposée et la problématique, c'est-à-dire qu'elle démontre les caractéristiques suivantes :

- Cohérence : souci de répondre aux préoccupations du service, de l'entreprise.
- Audace : capacité à surprendre, faire sourire, choquer, susciter une réaction.
- Combinaison : capacité à associer plusieurs idées, des solutions existantes ensemble.

> *Exemple : « Comment réduire les coûts de l'énergie alors que le prix du gaz augmente ? »*

Produire des idées

Il faut d'abord recueillir les idées existantes par un premier temps de *brainwriting*. Cela permet :

- de donner à l'ensemble des participants la possibilité de s'exprimer et de favoriser ainsi la mise en confiance du groupe ;
- de décortiquer la problématique initiale et d'explorer le champ sémantique qu'elle recouvre.

L'animateur choisit un mot-clé de la problématique identifiée et demande aux participants de lister sur des post-it ce qui leur vient à l'esprit à l'évocation de ce mot. Chaque participant présente ensuite ses idées sans chercher à les trier. Si l'un veut réagir, il le fait par écrit.

Peut alors s'ensuivre une séance de *brainstorming* pour recenser toutes les idées sur un sujet. L'animateur expose le problème oralement ou par écrit puis note ce que chaque participant dit à tour de rôle.

Conseils

Voici les conseils pratiques d'Alex Osborn pour des séances de brainstorming efficaces :

- 10 à 20 minutes maximum, plus si vous vous adressez à des experts.
- Différer le jugement (propre ou d'autrui) après avoir produit suffisamment d'idées.
- Viser la quantité en écrivant les idées avec concision : plus il y a d'idées, plus il y a de chances d'en trouver qui soient originales et intéressantes.
- Partir en roue libre : suivre son imagination en accueillant les idées aussi farfelues qu'elles puissent sembler pour entretenir l'imagination.
- Suivre les combinaisons en s'appuyant sur les idées des autres et rechercher de nouvelles façons de relier les idées entre elles.
- Appliquer les bons principes de réunions réussies (cf. fiche 48) : lieu de travail agréable, confortable et stimulant, suffisamment de temps pour les trois phases, avoir tous les outils nécessaires à disposition (supports, post-it, marqueurs...) (cf. fiche 18).

Voici deux exemples d'outils à utiliser pour le brainstorming.

Le mindmapping ou carte mentale

Un mot-clé au milieu du tableau d'où partent des branches pour chaque thème associé, qui donnent elles-mêmes des petites branches, etc.

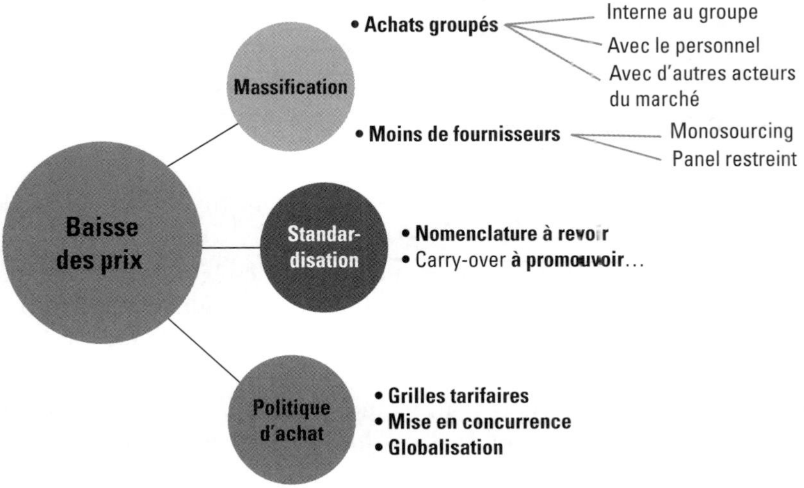

La pensée latérale

Elle permet de pousser les participants à prendre le contre-pied de leurs certitudes ou solutions sur un sujet donné.

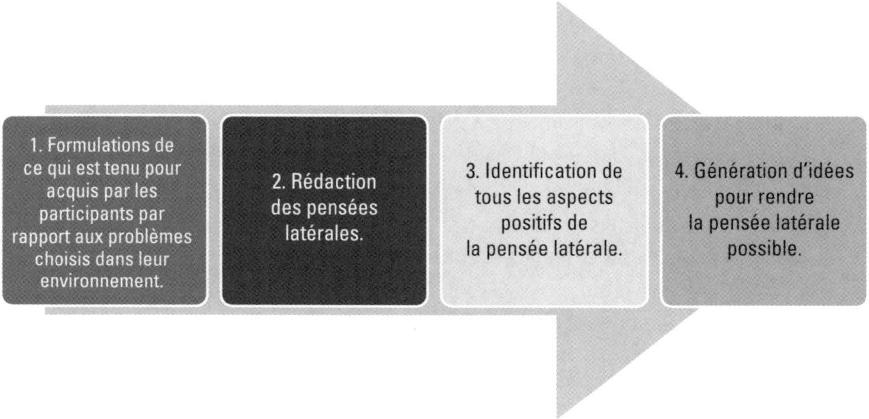

> *Par exemple*
> *1. « Je tiens pour acquis que je dois réduire les coûts d'investissement. »*
> *2. « J'augmente de 20 % les dépenses d'investissement. »*
> *3. « Augmentation de la production, amélioration de la qualité des produits, fournisseurs plus impliqués, équipes plus motivées… »*
> *4. « Dédier des équipes pour gérer les investissements, demander aux fournisseurs d'innover davantage, augmenter les fonctionnalités des machines, automatiser, former ou recycler le personnel… »*

Rechercher des concepts

Le dernier temps de la séance de *brainstorming* doit permettre de trier les idées pour faire émerger des concepts. On peut :

- **Utiliser un diagramme d'affinités** qui permet de regrouper les différents post-it selon des idées homogènes par thème. On donne ensuite un titre à chaque ensemble d'idées homogènes. En cas de désaccord sur le classement, on double l'idée pour la faire apparaître aux deux endroits.
- **Rédiger des fiches concepts** pour partager les idées avec des externes à la réunion : on décrit le concept de façon globale puis détaillée, on peut utiliser des diagrammes, des images…

- Organiser une séance d'avocat de l'ange pour passer le concept au crible d'une critique bienveillante :
  - faire reformuler le concept par un contradicteur ;
  - émettre des critiques positives (« ce que j'aime dans ce concept, c'est… ») ;
  - examiner de façon objective les risques associés au concept ;
  - proposer des solutions complémentaires ou alternatives pour contrer les risques.
- Utiliser une **matrice intérêt/facilité de mise en œuvre** qui permettra d'évaluer les concepts les uns par rapport aux autres.

Fiche 28 ANIMER LA REVUE DES RÉSULTATS

La revue des résultats poursuit deux buts :

- questionner les écarts constatés entre les objectifs et les réalisations ;
- s'améliorer continuellement en s'interrogeant collectivement.

Le contrôleur de gestion joue un rôle clé dans l'atteinte de ces deux buts.

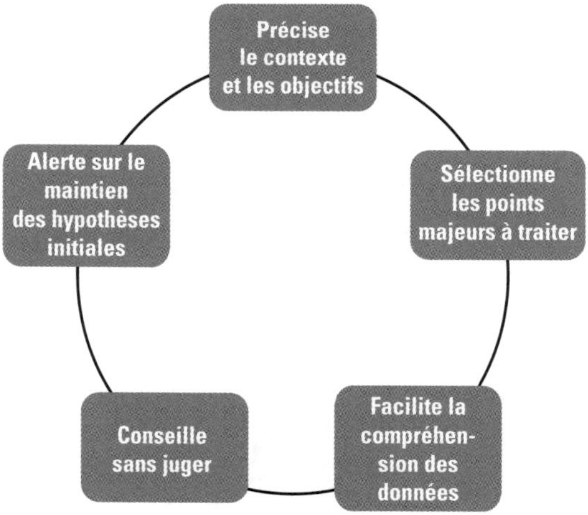

Préparer la revue des résultats

La préparation concourt fortement à la réussite de la revue de gestion. Le contrôleur de gestion établit le plan de la réunion, en listant les points à aborder et le temps à leur accorder. Il s'assure de commencer par les points les plus importants. Il envoie un ordre du jour aux participants.

Il rencontre les managers pour les informer des points sensibles, recueillir leurs points de vue et ébaucher un plan d'action. Il vérifie leur présence indispensable pour prendre des décisions.

Il prépare les supports visuels de présentation (graphiques, tableaux, commentaires), en donnant :

- la vision globale des résultats mensuels sur une ou deux diapositives ;
- pour chaque point majeur, une diapositive posant une question (« Aurons-nous assez de stock face au développement des ventes ? Comment pouvons-nous rattraper le retard ? »).

Animer la revue des résultats

En introduction de la réunion, le contrôleur de gestion rappelle l'ordre du jour, les buts poursuivis, ainsi que le temps imparti.

Le déroulé de la réunion comporte deux grandes phases.

Première phase

- Le contrôleur de gestion fait une synthèse sur les chiffres clés du mois :
  - partir du financier pour aller à l'opérationnel ;
  - expliquer les résultats (KPI et leviers d'action) et donner un avis tout en restant factuel ;
  - présenter les chiffres sous l'angle du *business* et non sous un angle budgétaire ;
  - passer en revue les actions définies le mois passé et faire le point sur leur avancement ;
  - analyser les bonnes performances pour donner un côté positif à la réunion, capitaliser l'expérience acquise, donner l'exemple.
- Le contrôleur de gestion enclenche un débat avec les managers :
  - se mettre d'accord sur le constat de la situation à date au travers de questions/réponses ;
  - respecter la règle du dosage des 20/80 : 20 % de directivité de la part de l'animateur et 80 % d'expression de la part des participants.

Seconde phase

- Le contrôleur de gestion oriente les échanges avec les managers sur les actions à prendre :
  - lister les suggestions des participants au fur et à mesure ;
  - s'assurer que chaque participant prend la parole pour donner son avis ;

– estimer l'impact sur le compte de résultat afin de prioriser les actions suggérées ;
– formaliser chaque avancée, afin que le groupe puisse prendre une décision collective.

• Les managers décident d'actions à prendre :
– synthétiser et faire valider les choix d'actions prioritaires ;
– formaliser le plan d'action (fiche 42) ;
– valider l'adhésion des participants.

En conclusion de la réunion, le contrôleur de gestion fait une synthèse des idées clés et des décisions prises. Il remercie les participants pour leur collaboration en valorisant leurs propositions.

Envoyer le compte rendu de la revue des résultats

L'animateur de la réunion ne fera pas le compte rendu ; il est préférable que celui-ci soit fait par un participant. Sinon, prévoir un document préformaté avec les thèmes que l'on souhaite voir apparaître. Le compte rendu reprend les composantes classiques : auteur, destinataires, date de réunion, liste des participants, ordre du jour, un titre, présentation des différents points traités avec l'analyse faite et les plans d'action décidés. Il sera envoyé très rapidement après la réunion.

Éviter les pièges les plus courants

• Pas d'ordre du jour, pas de document envoyé à l'avance : participants non préparés.
• La revue des résultats est une lecture ligne à ligne et ne pose pas les problèmes dans leur ensemble.
• La revue des résultats est accusatrice et met mal à l'aise les participants.
• Les supports de présentation sont difficiles à comprendre : l'essentiel du temps de la réunion est consacré à l'exposé et pas au plan d'action.
• Aucun document formel d'action n'est établi à la fin de la réunion.

Fiche 29 ANIMER UNE RÉUNION À DISTANCE

Aujourd'hui, les moyens techniques permettent de se réunir à distance en audioconférence, en conférence Web ou en visioconférence. Les participants d'une téléconférence attendent de l'animateur une réunion bien structurée et qu'il démontre sa capacité à gérer ce type de contexte particulier. Ils se sentiront frustrés si la réunion devenait ennuyeuse ou inefficace du fait du manque de compétences de l'animateur dans un tel environnement.

Pour se préparer, l'animateur de la réunion doit être conscient de ce qui différencie les réunions à distance des réunions en présentiel, afin d'adapter son mode d'animation.

Durée de la réunion	• Le temps dédié à une téléconférence est généralement limité, du fait de la durée réduite de concentration des participants ; les réunions à distance sont alors plus courtes et centrées sur le thème principal du meeting. • La durée d'une téléconférence ne pourra pas être prolongée car elle engendrera des coûts supplémentaires et des problèmes techniques supplémentaires (fournisseur d'accès).
Contact humain	• Les participants n'ont pas la possibilité de se voir. Il est donc difficile d'évaluer les réactions ou d'observer l'expression corporelle. Il faut donc apprendre à écouter activement les personnes. • Excepté dans les situations de visioconférence, rien n'indique qu'une personne souhaite ou a fini de s'exprimer, et cela peut causer du brouhaha ou de la confusion.
Dynamisme de la réunion	• Il est plus difficile de maintenir la concentration des participants, centrée sur un sujet dans une réunion virtuelle, qu'en face-à-face ; la concentration des personnes fléchit après 15 à 20 min, ou après la présentation de 4 à 5 transparents. • 30 à 40 min est la durée maximum de concentration que vous pouvez attendre de la part d'un auditoire, surtout dans un contexte de téléconférence.

GÉRER LE TEMPS AU COURS DE LA RÉUNION

Démarrer la conférence avec ponctualité montre une recherche d'efficacité et la reconnaissance de l'effort fourni par les participants pour joindre la réunion à l'heure. Présentez-vous lorsque vous démarrez et présentez rapidement les participants. Rappelez l'objectif, l'ordre du jour et la durée de la réunion. Décidez ensemble qui prend des notes pour préparer le compte rendu. Définissez les modalités d'échange et de prise de décision. Vérifiez que les participants ont une copie des documents transmis à portée de main.

Garder régulièrement un œil sur votre montre vous permet d'être en mesure d'arrêter les discussions quelques minutes avant l'heure prévue de fin de réunion. Vous pourrez ainsi consacrer le temps restant à la conclusion de votre réunion. Lorsque vous terminez vos réunions à l'heure prévue, les participants ne sont pas tentés de penser que vous laissez aller les choses et/ou que la téléconférence n'a pas été concluante. S'il s'agit d'une visioconférence, quittez-la rapidement et donnez consigne de raccrocher, surtout lorsque la téléconférence fait l'objet d'une limitation de durée contractuelle avec un prestataire.

Inclure tous les participants dans la réunion

Faites un suivi des personnes qui participent et de celles qui ne participent pas à la discussion. Lorsqu'une personne s'arrête de parler, assurez-vous qu'elle a fini de s'exprimer en lui demandant si elle souhaite ajouter quelque chose ; elle pourrait en fait juste marquer une pause pour réfléchir à la suite de son intervention.

Faites s'exprimer les personnes timides ou silencieuses en leur posant une question ou en leur demandant leur opinion sur le sujet traité. Cela les encouragera à rester ancrées dans leur discussion.

Avant d'arrêter la visioconférence, demandez aux participants s'ils ont une question en suspens ou un commentaire à faire sur le contenu global de la téléconférence. Soulignez ce qui a été réalisé, ce qui reste en suspens et la marche à suivre qui a été décidée ensemble. Remerciez chacun pour sa participation ou son implication

Donner du rythme à la réunion

Un style dynamique maintiendra l'attention des participants. La présentation et les réponses aux questions doivent être concises, courtes et montrer de l'enthousiasme. Variez et modulez le ton de votre voix.

Pour interrompre un discours trop long, vous pouvez poser des questions, demander aux participants s'ils ont des questions, encourager le *brainstorming*, faire un sondage, demander aux personnes d'émettre leur opinion sur le thème de la discussion.

Après chaque point de l'ordre du jour, prenez un petit moment de recul, faites un récapitulatif de l'état d'avancement et/ou de ce qui a été décidé sur le sujet en question. Précisez la suite à donner, comment elle sera gérée, quand et par qui. Rappelez ce qui reste en suspens pour clore le sujet si besoin. Faites une pause de quelques secondes pour laisser aux participants le temps de « digérer » le sujet traité et de se mettre en condition d'aborder le sujet suivant. Reprenez l'ordre du jour, nommez et lancez le sujet suivant.

Conseils

- Aller droit au but.
- Respecter l'ordre du jour.
- Surveiller le temps.
- Rester calme et être patient.
- Stopper les digressions ou les répétitions qui sont des pertes de temps.

Fiche 30 PRENDRE LA PAROLE DEVANT UN AUDITOIRE IMPORTANT

La prise de parole en public fait peur à la majorité des Français. Les autres se classent en trois catégories :

- Ceux qui ne disent pas la vérité, n'osant avouer qu'ils ne sont pas à l'aise.
- Ceux qui sont Anglo-Saxons car cette compétence est travaillée dès le plus jeune âge.
- Ceux qui ont appris et développé cette compétence.

Voici quelques trucs pour vous aider à apprivoiser le trac, à préparer et à réussir une présentation orale.

Le trac, frein ou moteur des orateurs ?

Quatre bonnes nouvelles concernant le trac :

- **Tout le monde l'a** : sur une échelle de 1 à 10, avoir un trac jusqu'à 5 est normal… et même jusqu'à 8 ou 9 lorsqu'il y a un enjeu important.
- **C'est utile, comme toute émotion** : c'est une réaction naturelle du corps en lutte contre tout ce qui gêne. Cette émotion permet un afflux d'énergie qui permet d'être prêt à faire face et d'atteindre la performance.
- **C'est souvent invisible en quantité** (vous le ressentez très fort, mais les autres estiment que vous y êtes peu sujet) **et en qualité** (il ne se voit pas forcément où vous pensez).
- **C'est passager** car l'énergie est ensuite dépensée dans l'action et il va servir de carburant pour assurer la « prestation ».

Les causes du trac

Différentes causes expliquent le trac :

CAUSES INTERNES	CAUSES EXTERNES
• Mes expériences passées. • Les exigences que je me donne. • Le manque de pratique ou d'apprentissage dans le domaine. • La confiance en moi. • Mon caractère…	• Le nombre de personnes auquel je m'adresse. • La non-maîtrise du sujet, de la langue dans laquelle je dois m'exprimer. • L'expertise. • Le respect de l'auditoire. • L'enjeu que représente le sujet…

L'impact de ces causes peut être minimisé par l'indulgence que chacun développe vis-à-vis de soi-même, l'expérience acquise, mais aussi grâce à une bonne préparation en amont pour se donner toutes les chances de réussir ses présentations.

Quelques trucs pour réussir ses présentations orales

Voici quelques trucs qui permettent de réussir ses présentations et gagner en sérénité pour se prêter à l'exercice des présentations orales.

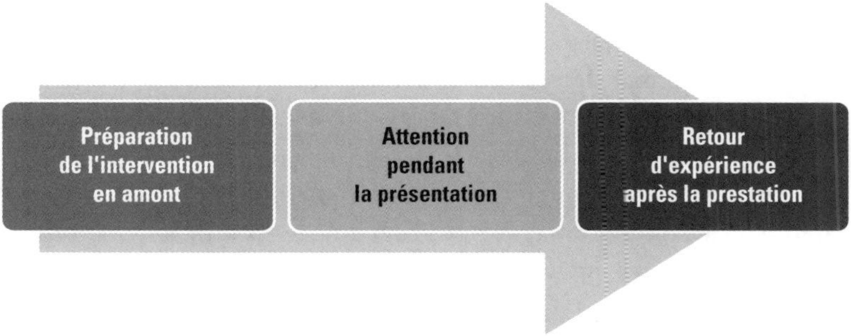

Préparer un oral, en amont

- **Préparer son intervention et bien savoir quel est son objectif**: que veut-on que l'auditoire retienne absolument ? (cf. fiche 3).
- **Préparer son exposé en utilisant éventuellement un bristol reprenant le plan global** qui sera utilisé pendant la présentation.

- **Soigner en particulier l'introduction** pour capter l'attention de l'auditoire : une accroche, l'annonce du plan... (cf. fiche 20).
- **Préparer éventuellement un support** qui soutient l'exposé : des photos, une présentation PowerPoint (cf. fiche 16), des objets...
- **S'entraîner devant un public acquis** qui donnera des retours précieux pour améliorer sa présentation. Les répétitions générales en théâtre sont des mises en situation réelles incontournables pour finaliser la préparation des acteurs.
- **Se remémorer ses bonnes expériences passées** pour gagner en confiance.
- **S'entraîner à articuler**, ce qui aidera à s'affirmer et à être bien clair. On peut, à la manière des journalistes, s'entraîner quelques minutes avant la présentation en débitant des vire-langues (les chaussettes de l'archiduchesse...), un crayon positionné en travers de la bouche.

Pendant la présentation orale

- **Se stabiliser en adoptant la technique du baobab** : être droit et tonique dans sa verticalité sur une base solide (pieds écartés à largeur de bassin) en laissant tomber le poids du corps dans ses pieds, l'air avenant et souriant.
- **Ouvrir la gestuelle** en ayant les bras placés au-dessus de la taille tournés vers l'auditoire plutôt que vers soi. Oublier ses mains en les laissant libres d'exprimer des gestes amples. Les Italiens sont les experts en la matière et on peut s'inspirer d'eux pour progresser dans le domaine.
- **Respirer** régulièrement ce qui permet au cerveau d'être correctement oxygéné augmentant ainsi le potentiel vocal de 50 % et réduisant le trac d'autant. La respiration permet de ralentir le débit et les pauses permettent à l'auditoire de souffler également pour être capable de continuer à suivre l'orateur.
- **Contrôler le volume de sa voix** en s'assurant que la personne la plus éloignée entend bien, en le maintenant même sur les finales de phrases et en insistant sur les mots-clés. La respiration aide à garantir le bon volume.
- **Regarder l'auditoire** pour prendre la température et vérifier qu'il suit, écoute, comprend et lui signifier qu'il est important (quand l'exercice s'y prête, vérifier si son auditoire a bien tout compris ou s'il a des questions) :
  - À la manière d'un laser qui parcourt l'ensemble de l'auditoire pour que tous ses membres se sentent importants.
  - Tout en zoomant régulièrement sur différentes personnes pour qu'elles se sentent toutes impliquées. Dans ce cas, il faut s'arrêter

2 secondes sur chacune pour garantir que cette personne ait bien perçu qu'on la regardait.

– Être congruent pour garantir que le message soit correctement interprété par son public (cf. fiche 47).

Après la présentation orale

- Demander à ses amis ce qui a plu dans sa prestation et noter ce qui a bien fonctionné, quitte à donner à certains d'entre eux une fiche de débriefing (cf. fiche 45),
- Noter les points d'amélioration sur lesquels on veut travailler la prochaine fois.

Conseils

Se faire filmer est un bon moyen de se voir à l'œuvre pour vérifier les éventuels tics gestuels ou de langage et constater que le trac se voit beaucoup moins qu'il ne se ressent : on peut le faire avant la prestation ce qui permet d'optimiser la présentation ou pendant pour se voir à l'œuvre en situation réelle.

Fiche 31 PRÉSENTER UN PROJET

Un projet consiste en un ensemble d'actions à réaliser, pour atteindre un objectif défini dans le cadre d'une mission précise, et qui comporte un début et une fin. La méthode BALISER est un outil utile pour structurer la présentation d'un projet.

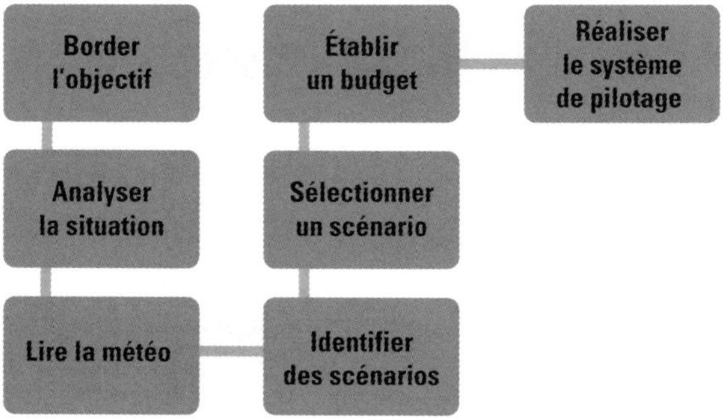

Border l'objectif du projet

Il s'agit de clarifier les objectifs du projet en termes de qualité, de coût et de délai. La description technique est un descriptif du contrat avec le client qui détermine l'état du livrable final. Le devis du projet permet d'établir le coût prévisionnel à terminaison, et le planning des tâches le délai à terminaison.

Analyser la situation

L'entreprise dispose de facteurs clés de succès pour réaliser le projet dans de bonnes conditions. Ces facteurs clés de succès peuvent correspondre à un savoir-faire spécifique, à un modèle de coûts avantageux, à un réseau de partenaires privilégiés… Il ne faut pas pour autant occulter les faiblesses internes ; leur connaissance permet d'établir un plan d'action pour y remédier dès le démarrage du projet.

Lire la météo

Le niveau de connaissance d'un projet croît au fur et à mesure que le projet se réalise. *De facto*, tout projet est porteur de risques et d'opportunités qui présentent des potentiels de pertes ou de gains. Il est important de les répertorier au début du projet afin de les suivre régulièrement. Les risques déclencheront des provisions pour risque et un plan d'action pour éviter toute charge additionnelle. Les opportunités contrebalanceront tout ou partie de ces charges additionnelles.

Identifier des scénarios

Il s'agit de choisir les moyens humains, techniques et financiers. On peut étudier plusieurs scénarios (hypothèses basse, moyenne et haute), envisager des alternatives : quelle partie sera réalisée en interne, quelle autre partie sera sous-traitée ?

Sélectionner un scénario et construire le plan d'action associé

Une fois le scénario arrêté, il s'agit de décrire les étapes du projet qui se matérialisent par des activités et des livrables. Un projet se découpe généralement, entre trois et huit étapes, selon les besoins de validation nécessaires à la prise de décision. On jalonne le projet en définissant des points de passage dans le temps (temps d'arrêt, de contrôle et de décision) à des dates fixées à l'avance.

Établir le budget du projet

Le budget de référence est établi après la signature du contrat, à partir de l'objectif de marge brute fixée, et prend en compte toutes les exigences du contrat. Il peut être différent du devis. Les engagements budgétaires (coûts d'achat et main-d'œuvre) sont formalisés à chaque niveau de l'organigramme des tâches. La courbe de trésorerie présente les encaissements (négociés avec le client) et les décaissements prévisionnels (liés au rythme d'exécution du contrat).

Réaliser le système de pilotage du projet

Le suivi du budget aura pour objectif de contrôler plusieurs domaines :

- L'avancement du projet qui mesure la quantité de travail réalisé à un instant donné sur une tâche. Si l'avancement n'est pas quantifiable, on utilisera la technique des jalons.
- Le coût au travers des montants engagés et à engager. On identifie le coût prévisionnel à terminaison (engagé + reste à engager), l'écart (coût prévisionnel global – budget à date), la dérive (différence entre les valeurs de deux écarts successifs) et la tendance (toute cause impactant le coût prévisionnel du projet).
- La qualité sera suivie au travers de la conformité des livrables à la configuration technique de référence. Celle-ci peut évoluer au cours des études et de la construction du projet. On suivra son évolution au travers de la gestion des documents et des modifications.

Conseils

- Le contrôleur de gestion doit être associé au plus tôt à la définition du projet.
- Le budget d'un projet est une prévision volontariste assortie d'un plan d'action.
- La fiche projet doit prévoir les éléments qui conduiront à piloter le projet.

Fiche 32 DISTRIBUER LES RÔLES ET LES MISSIONS D'UN PROJET

Un projet est considéré comme réussi lorsqu'il présente moins de 10 % de dérive. Seulement 30 % des projets sont concernés. Réussir un projet consiste pour le chef de projet à s'assurer de la qualité de chacune des contributions des participants au projet, mais également de la qualité de leur coordination et de leur imbrication. Ce challenge nécessite un pilotage rigoureux du projet du début à la fin.

Identifier les intervenants sur le projet, consiste à nommer le chef de projet, à composer l'équipe à mobiliser autour du projet, les experts à solliciter et à constituer le comité de pilotage.

Un outil simple : le RACI

Le RACI est un outil de management permettant de définir les rôles et les responsabilités des acteurs d'un projet. C'est une matrice de responsabilité qui croise la structure de découpage du projet avec sa structure organisationnelle. Le RACI permet d'éviter la redondance et la dilution des responsabilités : le réalisateur assure l'exécution (R), l'autorité est totalement responsable (A), le consulté doit être consulté (C), l'informé doit être seulement informé (I). Le chef de projet organise des réunions d'avancement pour prendre des décisions opérationnelles et des réunions de résolution de problèmes pour résoudre les problèmes et suivre la mise en œuvre des actions.

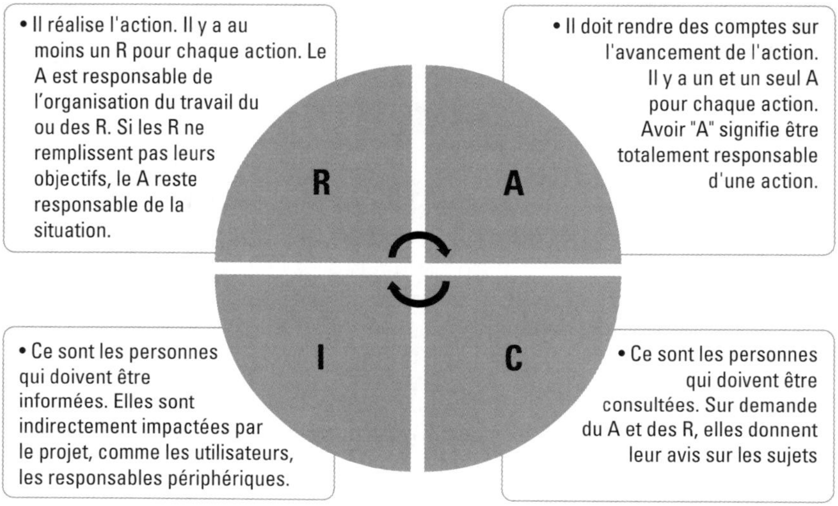

LA MISE EN APPLICATION DU RACI

Le responsable de projet liste les principales tâches et les acteurs du projet. Il détermine le rôle de chaque acteur dans le projet, la responsabilité de chaque acteur pour chacune des tâches attribuées (en appliquant la règle de construction de la matrice RACI). Il fait valider la matrice par l'équipe projet et identifie les problématiques. Ainsi, on évite une redondance de rôles ou une dilution des responsabilités. Il est recommandé de couvrir toutes les tâches possibles en y affectant le nombre d'acteurs responsables le mieux adapté au projet. On construit alors un tableau à deux axes qui définit les acteurs pour chaque tâche traitée.

RESPONSABILITÉS	CHEF DE PROJET	ACTEUR 1	ACTEUR 2	EXPERT CLIENT	CLIENT VALIDEUR
Étape 1	R			C	A
Étape 2	A	R		C	I
Étape 3	A		R	C	I
...					

En cours de vie du projet, on vérifie et on actualise ce RACI par rapport au projet final, en incrémentant peut-être de nouvelles étapes ou de nouveaux acteurs, en vue de sa validation et implémentation finale.

Intérêt d'utilisation !

La matrice RACI permet de communiquer clairement sur les membres opérationnels du projet et leurs tâches respectives.

Elle sert de base pour établir un plan de communication en cours de vie du projet : qui a besoin d'être informé ? À propos de quoi ? Qui informe ?

Fiche 33 MANAGER UNE ÉQUIPE PROJET

Le contrôleur de gestion doit de plus en plus travailler en mode projet, la vision de l'entreprise étant transverse. Dans ce cadre, il peut être en charge de la gestion du projet et notamment du management de l'équipe projet. Management non hiérarchique, il ne permet pas de disposer des mêmes outils que le management hiérarchique et notamment de fiches de fonctions et de supports d'entretien définis et coordonnés par la direction des ressources humaines. On dit souvent que 50 % des difficultés rencontrées dans les projets ont pour origine les aspects humains. Il convient donc de connaître et d'appliquer les leviers du management d'équipe. Les principaux points à respecter sont les suivants.

Organiser l'équipe en fonction des activités et des contraintes du projet

Il s'agit de structurer le travail de l'ensemble de l'équipe, de donner une vision commune du projet. Ce point peut se faire lors d'une réunion avec tous les contributeurs du projet ce qui leur permettra de se connaître. Lors de cette réunion il est utile :

- de rappeler les objectifs, le périmètre et les contraintes (notamment en termes de délais et de budget) du projet ;
- de permettre aux membres du projet de faire connaissance et d'échanger sur leurs expériences ;
- de présenter les grandes étapes du projet ;
- de définir les rôles des principaux acteurs.

Définir les rôles au sein de l'équipe projet

Le chef de projet peut utiliser une méthode participative. Elle consiste dans un premier temps à définir de manière collégiale les missions du projet puis à inviter chaque contributeur à se positionner. Il peut en cela utiliser un outil : le tableau d'analyse du manager.

MISSION 1					MISSION 2				GESTION COLLECTIVE
MEMBRES ÉQUIPE	TÂCHE 1	TÂCHE 2	TÂCHE 3	TÂCHE 4	TÂCHE 1	TÂCHE 2	TÂCHE 3	TÂCHE 4	
A									
B									
C									
Commentaires :									

Il faut commencer par identifier de manière exhaustive les missions à remplir dans le cadre du projet. Cet exercice peut être fait de manière collective et permettra ainsi à chaque membre de l'équipe projet d'avoir une vision complète des missions du projet.

Puis (première colonne du tableau), chaque membre de l'équipe sera identifié et sera positionné sur le tableau suivant deux notions :

- sa motivation sur chacune des missions ;
- sa compétence sur chacune des tâches composant les missions.

Il est important que chacun puisse se positionner sur ces aspects de façon à ce que les rôles dans le cadre du projet capitalisent sur la compétence et les motivations de chacun. Ainsi certains vont exprimer leur goût pour l'animation de réunions de travail et d'autres vont affirmer leur appétence pour la formalisation du compte rendu des réunions de travail.

La dernière colonne du tableau consiste en une gestion collective : échanges d'informations, formations croisées entre les différents membres de l'équipe.

Le chef de projet se doit aussi d'attribuer sur chaque mission quel sera le rôle de chacun. Il peut utiliser la matrice RACI qui cadre les quatre niveaux de responsabilité dans le projet. Cet outil simple est détaillé dans la fiche 32.

Donner à l'équipe les moyens de fonctionner

Deux types de moyen existent :

- les moyens humains (disponibilité des différents membres de l'équipe en accord avec leur hiérarchie, disponibilité des interlocuteurs nécessaires à l'avancement du projet) ;

- les moyens en matériel (locaux, outils informatiques, budget pour couvrir des déplacements et autres frais de vie nécessaires dans le cadre du projet).

Conseils

- Adopter un management participatif avec l'équipe projet.
- Assurer une communication tout au long du projet.

Éviter les pièges les plus courants

- Ne pas assez communiquer.
- Ne pas capitaliser sur les compétences et les motivations des différents membres de l'équipe projet.

Fiche 34 VENDRE UN OUTIL DE GESTION

Le contrôleur de gestion doit savoir vendre un outil de gestion en interne auprès des opérationnels, voire auprès de la direction. Il se heurte néanmoins à deux difficultés :

- Il n'est pas toujours à l'aise avec la vente.
- Il doit vendre des outils de gestion qui ne sont pas très faciles à vendre : une procédure, un reporting, des tableaux de bord.

Il est donc important pour le contrôleur de gestion de connaître et de s'approprier des techniques de vente.

Lors d'un entretien de vente, il lui faut respecter quatre étapes, appelées les « 4C ».

- Mettre en **C**onfiance
- **C**onnaître l'interlocuteur et ses besoins
- **C**onvaincre
- **C**onclure

Première étape : mettre en confiance

Cette première étape, incontournable, doit permettre d'instaurer un climat de confiance propice aux échanges. Quand il rencontre un interlocuteur pour la première fois, le contrôleur de gestion doit faire en sorte de se présenter et d'inviter son interlocuteur à se présenter aussi.

S'il connaît déjà son interlocuteur, les présentations mutuelles ne sont pas pertinentes. Quelle que soit la connaissance qu'il a de son interlocuteur, le contrôleur de gestion doit expliciter l'objectif de l'entretien, donner sa vision du projet et proposer de se mettre d'accord sur une méthodologie de travail.

Dans certains cas, l'interlocuteur peut considérer la venue du contrôleur de gestion comme une intrusion, voire se sentir dans l'œil du cyclone. Afin d'éliminer cette crainte, le contrôleur de gestion peut indiquer que le projet de mise en place d'un outil de gestion concernera aussi les autres opérationnels.

Deuxième étape : connaître l'interlocuteur et ses besoins

Deux types de besoins doivent être cernés :

- Les besoins techniques : le contrôleur de gestion doit poser des questions pour comprendre les besoins de son interlocuteur, par exemple : « Quels sont les indicateurs que vous utilisez aujourd'hui ? » ; « Quelles sont les informations complémentaires dont vous auriez besoin ? »
- Les besoins humains. Il s'agit de définir les motivations de l'interlocuteur qui se regroupent au sein du procédé mnémotechnique suivant :

Sécurité	L'outil de gestion permettra de préciser les responsabilités de chacun.
Orgueil	L'outil mettra en avant les succès.
Nouveauté	L'outil fournira des fonctionnalités nouvelles.
Confort	L'outil donnera des informations de manière automatisée.
Argent	L'outil permettra de respecter les budgets.
Sympathie	Un précédent projet a permis de travailler avec l'interlocuteur et la collaboration s'est bien passée.

Troisième étape : convaincre

Il s'agit d'argumenter. L'argumentation se doit d'être construite à partir des besoins et des motivations de l'interlocuteur. Elle se fait en trois temps :

- Présenter les avantages de l'outil de gestion : ce sont les apports globaux, pour tous, par exemple : « Le nouvel outil de gestion permettra de gagner du temps lors des clôtures mensuelles. »
- Donner les preuves des avantages, par exemple : « Gagner du temps car les définitions et les formats seront harmonisés. »
- Développer les bénéfices pour l'interlocuteur, c'est-à-dire ce que l'outil apporte concrètement à l'interlocuteur, par exemple : « Pour vous ce sera l'opportunité de gagner une demi-journée qui sera alors du temps disponible pour définir des plans d'actions. »

QUATRIÈME ÉTAPE : CONCLURE

Conclure, c'est faire une synthèse de l'entretien qui vient de se dérouler, fixer quels seront les points suivants dans le projet. Cela peut aussi être de valider que l'objectif de l'entretien est bien atteint.

Conseils

- Passer le temps nécessaire à l'étape de mise en confiance.
- Proposer une co-conception de l'outil de gestion : l'interlocuteur sait alors que ses besoins seront pris en compte et que l'outil de gestion ne lui sera pas imposé.

Éviter les pièges les plus courants

- Ne pas développer l'étape de mise en confiance.
- Commencer par la troisième étape : argumenter va alors se révéler difficile puisque, sans avoir cerné en amont les besoins de l'interlocuteur, le contrôleur de gestion va développer les arguments qui lui semblent importants.
- Ne pas écouter l'interlocuteur.

Fiche 35 IMPLÉMENTER UN OUTIL DE GESTION

Au-delà de la vente d'un outil de gestion, le contrôleur de gestion doit en assurer la mise en œuvre. Il s'agit alors de réaliser plusieurs entretiens et réunions afin d'impliquer les opérationnels concernés par cet outil de gestion.

Le contrôleur de gestion doit savoir mettre à profit des compétences techniques et comportementales, tout en respectant les grandes étapes résumées avec le procédé mnémotechnique suivant : le PARADIS.

Prendre contact.
Analyser la situation.
Rechercher la faille.
Accentuer la nécessité de changement.
Dévoiler la solution.
Inciter à la décision.
Sécuriser.

Première étape : prendre contact

Cette première étape est indispensable et doit permettre d'instaurer un climat de confiance avec l'ensemble des contributeurs à l'implémentation de l'outil de gestion. Quand il rencontre un interlocuteur pour la première fois, le contrôleur de gestion doit proposer des présentations mutuelles.

Quelle que soit la connaissance qu'il a de son interlocuteur, le contrôleur de gestion doit expliciter l'objectif de l'entretien, donner sa vision du projet et proposer de se mettre d'accord sur une méthodologie de travail afin d'implémenter l'outil de gestion.

Pour éviter que l'interlocuteur ne considère la venue du contrôleur de gestion comme une intrusion, le contrôleur de gestion peut indiquer que le projet de mise en place d'un outil de gestion concernera aussi d'autres opérationnels, qu'il pourra alors citer, et précisera que le mode de travail sera le même (entretiens et réunions).

Deuxième étape : analyser la situation

Il est préférable de procéder en deux étapes :

- **Rester neutre** : il s'agit de poser la question à son interlocuteur sur ce qu'il pense de la situation sans laisser entendre sa propre opinion, par exemple en posant une question ouverte : « Que pensez-vous de l'outil de gestion que vous avez aujourd'hui ? »
- **Faire citer les avantages** : par exemple en demandant à l'interlocuteur ce qu'il apprécie dans les outils de gestion dont il dispose aujourd'hui. Commencer par les avantages de la situation actuelle est également un élément qui va mettre en confiance l'interlocuteur.

Troisième étape : rechercher la faille

Si l'on respecte bien l'étape précédente, l'interlocuteur, après avoir rappelé les avantages qu'il voit à la situation, citera de lui-même les axes d'amélioration. S'il ne le fait pas, il conviendra alors de lui demander quels sont les points qui lui manquent, qui sont à améliorer en essayant de garder une phrase positive. Il vaut mieux parler d'axes d'amélioration plutôt que de points négatifs ! Par exemple poser la question : « s'il y avait un point à améliorer, quel serait-il ? ». Il faut pouvoir comprendre les inconvénients de la situation : ce sont ces éléments qui vont faire prendre conscience à l'interlocuteur qu'il est nécessaire de faire évoluer les outils de gestion et qui vont donner des axes de progrès dont il faut tenir compte pour l'implémentation des outils de gestion.

Quatrième étape : accentuer la nécessité de changement

Il s'agit de capitaliser sur les axes de progrès mis en avant lors du précédent point et de mettre en perspective les aspects positifs de la nouvelle situation. Par exemple, si l'interlocuteur a mis en avant le souhait d'avoir des informations sur l'environnement, il faut lui dire que ces éléments lui permettront de mieux cibler des actions commerciales.

Cinquième étape : dévoiler la solution

Lors de cette étape, le contrôleur de gestion peut montrer une première version du nouvel outil de gestion qui intègre les points vus précédemment. Il doit prendre soin de ne pas présenter l'outil comme définitif ce qui pourrait laisser entendre à l'interlocuteur que son avis n'est pas pris en compte. C'est une étape qui doit permettre de discuter sur une base concrète de façon à intégrer les besoins ou les remarques de l'interlocuteur.

Sixième étape : inciter à la décision

Le contrôleur de gestion a pris en compte les besoins de son interlocuteur et lui demande si le nouvel outil de gestion lui convient. Il s'agit de poser une question fermée pour obtenir une réponse positive de son interlocuteur ce qui va l'engager dans la décision, par exemple en demandant : « L'outil tient-il compte de vos besoins ? »

Septième étape : sécuriser

Cette étape consiste en une période de test que l'on peut fixer à un trimestre afin d'évaluer la pertinence du nouvel outil de gestion en situation opérationnelle.

Conseils

- Passer le temps nécessaire à l'étape de mise en confiance.
- Proposer une co-conception de l'outil de gestion : l'interlocuteur sait alors que ses besoins seront pris en compte et que l'outil de gestion ne lui sera pas imposé.

Éviter les pièges les plus courants

- Ne mettre en avant que les points négatifs sans avoir au préalable essayé de cerner les aspects positifs.
- Ne pas négliger l'importance de la période de test.

Fiche 36 RÉDIGER LA FICHE ARGUMENTAIRE

Afin de vendre un projet, le contrôleur de gestion peut être amené à formaliser une argumentation. Les arguments qui font mouche sont ceux qui sont vrais, mais surtout qui « parlent » à l'interlocuteur, c'est-à-dire qui répondent aux besoins et motivations des interlocuteurs (voir la matrice SONCAS définie à la fiche 34).

La fiche argumentaire comporte quatre colonnes.

BESOINS ET MOTIVATIONS	AVANTAGES	PREUVES	BÉNÉFICES

L'argumentation se doit d'être construite à partir des besoins et des motivations de l'interlocuteur. Elle se fait en trois temps :

- Présenter les avantages de l'outil de gestion : ce sont les apports globaux, pour tous, par exemple : « Le nouvel outil de gestion permettra de gagner du temps lors des clôtures mensuelles. »
- Donner les preuves des avantages, par exemple : « Gagner du temps car les définitions et les formats seront harmonisés. »
- Développer les bénéfices pour l'interlocuteur, c'est-à-dire ce que l'outil apporte concrètement à l'interlocuteur, par exemple : « Pour vous ce sera l'opportunité de gagner une demi-journée qui sera alors du temps disponible pour définir des plans d'actions. »

Ce dernier point est le plus important car c'est lui qui va réussir à convaincre le plus l'interlocuteur qui se sentira pris en considération. On adhère à un projet non parce que l'on comprend le projet (avantages) mais parce que l'on se sent compris (bénéfices). Trouver les bénéfices pour l'interlocuteur nécessite parfois d'aller sur le terrain afin de voir concrètement comment travaille la personne. C'est un effort qu'il est important de faire pour apporter une réponse précise et permettre à l'interlocuteur de se transposer dans le projet.

Conseils

Bâtir la fiche argumentaire pour un interlocuteur ou une population homogène d'interlocuteurs car les arguments doivent être adaptés.

Éviter les pièges les plus courants

- Se limiter à la présentation des avantages et des preuves.
- Bâtir une fiche argumentaire pour la présenter à une population hétérogène.

Fiche 37 CONVAINCRE ET PERSUADER

Le contrôleur de gestion, en tant que co-pilote de l'action, se doit souvent de convaincre ses interlocuteurs de l'urgence d'une situation et doit ensuite les persuader d'agir pour remédier au problème.

C'est en effet là que réside la différence entre convaincre et persuader. D'après le *Larousse* :

CONVAINCRE	PERSUADER
Sert à amener quelqu'un, par des raisons ou des preuves, à **reconnaître quelque chose comme vrai ou nécessaire**. Il s'agit donc d'une démarche intellectuelle qui fait appel à la **logique** et au **raisonnement** de l'autre.	Vise à amener quelqu'un à **faire ou vouloir faire quelque chose**. On vise à le mettre en mouvement en sollicitant son **intime conviction** ou des **sentiments** qui lui donneraient l'envie de faire.

Quels sont les atouts qui garantissent d'y parvenir ?

Il s'agit avant tout de mettre l'autre au centre du discours pour qu'il se sente considéré et concerné :

- Lui parler avec un langage adapté en évitant de jargonner (cf. fiches 58 et 59), ou en se mettant au bon niveau de registre de langue.
- Connaître ce qui l'anime : ses passions, ses préoccupations, son expérience, ses envies pour pouvoir s'adresser à lui en répondant à ses attentes.
- Ménager son amour-propre en évitant de le provoquer ou de l'agresser.
- Proposer au lieu d'imposer, parce que les personnes mettent plus facilement en place ce qu'elles ont décidé de faire que ce qu'on leur impose.
- Être simple, vrai, humain car la communication passe mieux si les deux parties restent elles-mêmes et ne surjouent pas un rôle.

Il faut enfin se rappeler que les meilleurs arguments sont ceux que l'on invente pour l'autre (cf. fiche 36).

Exemple de plan pour convaincre en une minute

- Accroche ....
- Introduction ....

Développement : Je suis pour ....
(+ éventuellement énoncé synthétique des arguments)

1. • Parce que ....
   et je le prouve ....
2. • Parce que ....
   et je le prouve ....
3. • Parce que ....
   et je le prouve ....

Conclusion ....

Un exemple pour convaincre :
« J'en suis à la quatrième version du budget cette année ! Quelle galère ! Voici une phrase que j'entends régulièrement… Pas vous ?
C'est pourquoi je suis pour réduire le temps d'élaboration du budget et décaler son planning…
– Parce que tout le monde gagnerait du temps en n'ayant pas à travailler sur plusieurs versions : nous commençons en effet dès le mois de juillet et devons organiser 3 ou 4 réunions de calage avant la version finale.
– Parce qu'on partirait avec des chiffres plus réalistes : à 18 mois du mois de décembre N + 1, il est souvent difficile de faire des prévisions pertinentes.
– Parce qu'avec des prévisions plus fiables, nous ne serions pas obligés de faire une re-prévision annuelle dès le mois de janvier.
En commençant le budget en octobre, nous serions donc à la fois plus pertinents et aurions du temps pour travailler auparavant sur des sujets à plus grande valeur ajoutée. Êtes-vous d'accord pour que je propose ce changement à la direction générale ? »

Exemple de plan pour persuader

1. • Ce qui se passe (factuel).
2. • Ce qui va se passer si on ne fait rien (avantages et inconvénients).
3. • Ce qu'on voudrait qu'il se passe.
4. • Conséquences positives (pour la tâche, l'autre, la relation).
5. • Ce qu'il faut faire pour que ça se passe.

Avec ce plan, on s'adresse à tous les profils de communicants (cf. fiche 4) :

- Les points 1 et 3 seront très appréciés par les personnes orientées « Faits ».
- Les points 2 et 3 permettent aux profils centrés sur les « Idées » de se projeter.
- Les points 2 et 4 toucheront la corde sensible des personnes orientées « Hommes » s'ils font référence à la relation et à l'autre.
- Le point 5 plaira aux personnes orientées « Méthodes », qui ont besoin de savoir comment faire.

Un exemple pour persuader :
« Les années précédentes, nous commencions le budget au mois de juillet, nous devions faire trois à quatre réunions de calage pour suivre les évolutions des hypothèses qui ne manquaient d'arriver avant la version finale et nous devions ensuite faire une re-prévision dès le mois de janvier pour actualiser les données. Au final, la comparaison par rapport au budget devenait vite obsolète et on ne regardait plus que les re-prévisions.
Si nous ne changeons rien, nous perdrons toujours autant de temps à réaliser un exercice qui ne fait référence que quelques semaines ou juste pour élaborer les objectifs individuels. Les équipes en deviennent du coup de plus en plus critiques et risquent de faire l'exercice avec moins d'enthousiasme ou de professionnalisme ce qui ne nous permettra pas d'atteindre les objectifs fixés par la direction générale.
Pour remédier à ce problème nous voudrions réduire le temps d'élaboration du budget et du coup décaler le planning.
En commençant le budget en octobre, nous perdrions moins de temps en construction, en consolidation des chiffres et en réunions diverses. Ce temps

.../...

.../...

libéré permettrait aux équipes de travailler sur des sujets de fond qu'ils n'arrivent jamais à faire sinon, comme la mise en place de l'inventaire permanent. Les chiffres seraient certainement beaucoup plus pertinents puisqu'ils seraient élaborés moins loin de la clôture, ce qui éviterait également aux équipes de devoir travailler de nouveau sur une re-prévision dès janvier.

Pour pouvoir permettre à tous d'alléger ce temps consacré à l'élaboration du budget, il faut :

– Communiquer dès que possible sur le changement de planning pour éviter que certains commencent à y travailler trop tôt en organisant la réunion de lancement seulement début octobre.

– Donner des objectifs et des hypothèses précises à chaque service pour qu'ils élaborent déjà leur budget en cohérence avec les attentes de la direction générale, ce qui évitera de devoir faire plusieurs versions.

– Simplifier la structure en regroupant certains centres de profit inutiles ou certaines lignes budgétaires trop détaillées.

– Donner plus d'autonomie dans la gestion des budgets en s'attachant à ce que chaque service respecte son enveloppe globale et en étant moins dans le contrôle de chaque ligne budgétaire.

Qu'en pensez-vous ? Avez-vous des propositions complémentaires ou différentes ? »

Conseils

Attention, il n'est **pas possible de persuader quelqu'un qui n'est pas convaincu.** Et pour réussir à le convaincre, il faut soi-même être déjà convaincu... N'hésitez donc pas à vous retourner vers votre hiérarchie pour qu'elle vous explique bien les tenants et les aboutissants afin de vous convaincre vous-même.

Fiche 38 UTILISER LES EFFETS PERSUASIFS

Les effets persuasifs sont utiles dans le cadre d'une présentation orale ou écrite et permettent de renforcer l'efficacité de l'argumentation. Ce sont autant de façons différentes de présenter les arguments pour convaincre l'interlocuteur.

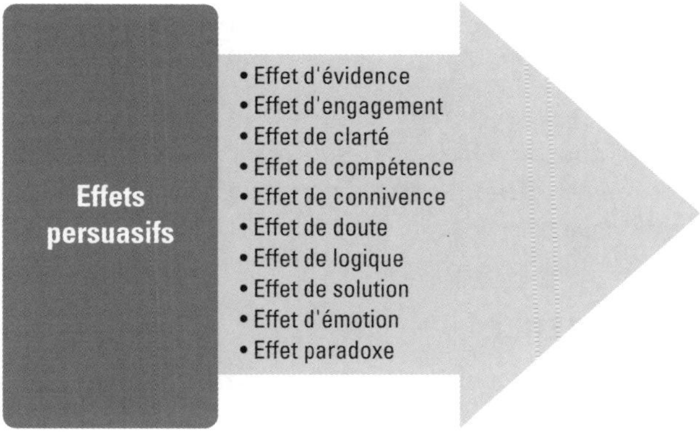

Effet d'évidence

Utilité : il permet d'éviter la démonstration de ce qu'on affirme.

Comment le produire ? En mettant en avant une certitude si forte qu'elle se passe de démonstration et en ayant une grande assurance dans les propos.

> *Exemple : « Il est évident que... » ; « Tout le monde sait que... » ; « Tous les chiffres démontrent que... »*

Effet d'engagement

Utilité : il permet de multiplier les points d'accord et de rendre difficile les désaccords.

Comment le produire ? En prenant appui sur les faits ou sur les opinions supposées de son interlocuteur.

Exemple : « Vous avez constaté vous-même… » ; « Vous êtes d'accord avec moi pour reconnaître que… » ; « Vous avez déjà dû faire l'expérience… » ; « Vous conviendrez également que… »

Effet de clarté

Utilité : il permet de clarifier ses propos, il donne du poids à ses arguments, il renforce sa crédibilité, il donne du confort à l'interlocuteur, il permet de réduire la déformation des propos par les autres.

Comment le produire ? En présentant un raisonnement structuré et ordonné autour de plusieurs « points », « aspects », « questions ».

Exemple : « Je vois deux raisons principales à… La première raison est… la seconde raison est… » ; « Trois critères de choix sont essentiels. Le premier critère… le deuxième critère… le troisième critère… » ; « Si vous ne deviez retenir que trois points… »

Effet de compétence

Utilité : il permet de renforcer sa crédibilité, d'exercer un ascendant sur son interlocuteur.

Comment le produire ? En énonçant fermement, de façon sobre et claire, des exemples de faits, de chiffres, de références, de témoignages.

Exemple : « Vous savez que nous travaillons depuis des années avec… » ; « Nous avons bénéficié d'un article très positif dans la revue… »

Effet de connivence

Utilité : il permet de se rapprocher de son interlocuteur, de faire preuve d'empathie.

Comment le produire ? En formulant ce qui peut être accepté par l'autre, en se mettant « à côté de lui ».

Exemple : « Je suis d'accord avec vous sur ce point, c'est vrai » ; « Je partage tout à fait votre avis sur… » ; « Nous sommes bien d'accord sur… » ; « Vous serez d'accord avec moi pour dire que… »

Effet de doute

Utilité : il permet de déstabiliser l'interlocuteur, de faire bouger ceux qui énoncent des affirmations gratuites, de fissurer un ascendant ou une autorité excessive et de se repositionner par rapport à une solution concurrente.

Comment le produire ? En utilisant un jeu de questionnement.

> *Exemple : « Comment pouvez-vous d'une part... et d'autre part... ? » ; « Qui vous garantit que... »*

Effet de logique

Utilité : il permet de profiter de la bonne réputation de la logique dans notre système de pensée.

Comment le produire ? Grâce à des chaînes déductives ou causales : voici → parce que → c'est pourquoi, en conséquence → finalement, en utilisant des syllogismes : voilà → or → donc.

Effet de solution

Utilité : il permet de se positionner en apporteur de solution, de crédibiliser sa fonction de conseil et de se différencier par la qualité de son diagnostic.

Comment le produire ?

- Présenter (ou rappeler) les faits.
- Établir un diagnostic (mise en évidence du problème à résoudre).
- Lister les différentes solutions possibles (avec leurs avantages et leurs inconvénients).
- Annoncer la solution optimale (en précisant pourquoi).
- Enchaîner sur les modalités de mise en application.

Effet d'émotion

Utilité : il permet de s'octroyer une « communication privilégiée » avec son interlocuteur.

Comment le produire ? Il s'agit de faire « vibrer » son interlocuteur.

> *Exemple : « Je suis très heureux de travailler avec vous car... » ; « Je serais très fier de pouvoir dire que vous nous avez accordé votre confiance... »*

EFFET DE PARADOXE

Utilité : il permet de provoquer la surprise et donc de capter l'intérêt, de stimuler la curiosité.

Comment le produire ? En évoquant des arguments, des idées qui semblent en contradiction avec la position que notre interlocuteur s'attend à nous voir défendre.

> *Exemple : « Sur le plan des performances dans le secteur de..., nous sommes moins bons qu'eux. En revanche, dans le secteur des... ».*

Conseils

- Choisir les effets qui conviennent à la situation.
- Éviter de multiplier l'utilisation des effets persuasifs.

Éviter les pièges les plus courants

- L'effet paradoxe est à utiliser en ouverture de discussion, non pas à la fin !
- Ne pas utiliser des mots trop exagérés pour l'effet d'émotion.

Fiche 39 CONDUIRE UN ENTRETIEN (AUDIT)

La dynamique de l'entretien

L'auditeur doit mener l'entretien de façon à atteindre son objectif, mais il doit rester dans la logique de l'audité afin de mieux le comprendre.

L'interviewer doit :

- *Suivre son interlocuteur* : écouter, reformuler pour vérifier sa compréhension et approfondir les informations…

PUIS

- *Conduire l'entretien* : poser des questions, recentrer, verrouiller et changer de sujet, mettre en forme et vérifier les informations…

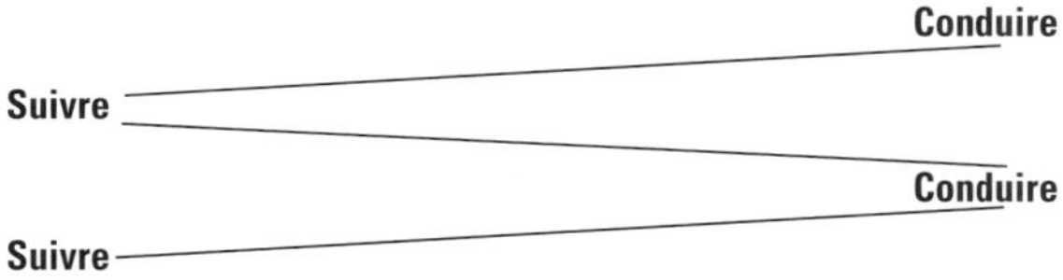

Comment conclure l'entretien ?

La synthèse de l'entretien

L'entretien doit impérativement se terminer par une synthèse globale des décisions arrêtées, des informations clés recueillies et des questions laissées en suspens ou remises à une prochaine rencontre.

Cette synthèse doit être :

- brève (de 5 à 10 minutes au maximum) ;
- concise (elle ne reprend que les points essentiels) ;
- neutre (elle doit être le reflet fidèle de l'ensemble des points essentiels).

Elle doit prévoir l'action et son suivi. Si l'entretien débouche sur des actions à mettre en œuvre, celles-ci doivent être :

- attribuées à un responsable ;
- définies quant aux résultats escomptés ;
- programmées au niveau des moyens et des délais.

Questionnaire de contrôle

Au niveau de la relation avec l'audité

- Ai-je permis à mon interlocuteur de s'exprimer ?
- Ai-je manifesté une attitude d'écoute active ?
- Ai-je évité de couper la parole ?
- Ai-je été ouvert au dialogue ?
- Ai-je essayé de comprendre le point de vue de l'audité ?
- En cas de blocage de la discussion, ai-je d'abord pensé « comment faire pour s'en sortir », plutôt que « c'est de sa faute » ?

Au niveau des résultats, de la méthode et des techniques

- Ai-je atteint les objectifs intermédiaires que je m'étais fixés ?
- Ai-je atteint l'objectif final ?
- Ai-je utilisé un guide d'entretien ?
- Ai-je bien vérifié l'exactitude des informations ?
- Lorsque j'étais centré sur le contenu, ai-je été semi-directif ou directif ?
- Ai-je posé, suffisamment, trop, pas assez de questions ?
- Ai-je induit les réponses par la façon de poser les questions ?
- Ai-je reformulé ?
- Ai-je fait des synthèses partielles pour verrouiller chaque étape ?
- Ai-je observé mon interlocuteur dans ses attitudes corporelles, sa façon de s'exprimer ?
- Ai-je recentré la discussion sur le sujet lorsque mon interlocuteur s'en écartait trop ?

Fiche 40 RÉALISER UN ENTRETIEN

Le contrôleur de gestion peut être conduit à réaliser un entretien dans des circonstances variées. Par exemple, pour récupérer de l'information détenue uniquement par les opérationnels dans le but de construire un nouvel outil de gestion, ou pour auditer la mise en place d'un outil de gestion après quelques mois, afin d'identifier les dysfonctionnements éventuels et d'échanger sur de bonnes pratiques…

Préparer l'entretien

La préparation étant le gage du succès, le contrôleur de gestion doit :

- Définir l'objectif de l'entretien en identifiant les thèmes retenus, la cible concernée, ainsi que les résultats que l'on veut obtenir.
- Choisir le mode d'entretien :
  - soit un entretien en face-à-face (recommandé pour identifier les activités et les inducteurs du modèle ABC) ;
  - soit un entretien téléphonique (plus adapté à un audit sur des points précis).
- Dresser la liste des interviewés en s'assurant :
  - d'un nombre significatif (une règle bien connue des sondages quantitatifs indique que pour être représentatif d'un grand nombre, l'échantillon doit comprendre au moins 50 personnes) ;
  - d'une représentativité des interviewés par rapport à l'ensemble de la cible fixée (commerciaux, chefs de projet, techniciens…).
- Prévenir les interviewés avant de prendre rendez-vous :
  - soit envoyer une lettre, qui présente l'objet de l'étude et ce qui en est attendu, qui précise quelle est la population concernée par l'entretien, qui le réalisera et dans quelles conditions : suffisant pour un audit *a posteriori* ;
  - soit réunir les futurs interviewés, afin de les former à l'outil de gestion que l'on doit mettre en place à l'issue de l'étude.

Élaborer le questionnaire de l'entretien

Avant de rédiger le questionnaire, le contrôleur de gestion fait l'inventaire des informations disponibles sur le sujet. Il peut ainsi élaborer un préquestionnaire et le tester auprès d'un échantillon représentatif. Ce test lui permet de déceler les questions faisant double emploi ou trop longues et mal formulées, les fautes de construction logique du questionnaire, certaines formes de biais (questions cherchant à vérifier une hypothèse de travail).

Le questionnaire peut prendre différentes formes : questions exclusivement ouvertes, questions exclusivement fermées, mélange des deux.

NATURE DU QUESTIONNAIRE	COMMENT INTERVIENT L'INTERVIEWÉ ?	RÉSULTATS QUE L'ON PEUT ATTEINDRE
Questionnaire dirigé à réponses libres : questions ouvertes.	Beaucoup de questions, mais non standardisées. La forme des questions suit la pensée de l'interviewé, plusieurs personnes possibles. Formulation libre des réponses proposées.	Analyse statistique possible mais délicate : déterminer les variables exploitables de façon statistique et celles qui ne le sont pas. On tirera une conclusion commune de réponses diverses. Connaissance des attentes et du comportement Identification des grandes tendances et des grandes catégories.
Questionnaire fermé très structuré : questions fermées.	Questions standardisées. Réponses standardisées : – le plus souvent (oui-non) ; – ou choix multiple.	Connaissances immédiates. Peu d'erreurs d'interprétation possibles. Traitement informatisé. Réponses stéréotypées confirmant ou infirmant les choix des interviewers, mais ne créant pas de nouveaux thèmes.

Si la nature des questions demande une réponse réfléchie (question ouverte), il faut peu de questions. En revanche, les questions signalétiques simples peuvent être plus nombreuses. Le nombre de questions à prévoir dépend également du mode de communication (court par téléphone, plus long par entretien), du niveau intellectuel des interviewés, et de leur intérêt pour la thématique traitée. La rédaction des questions nécessitant clarté et précision, il faut utiliser des termes simples et précis, connus de tous.

Mener l'entretien

Il est bon d'introduire l'entretien en rappelant les enjeux du projet, l'objectif et la durée de l'entretien.

Même si l'entretien est bien préparé, il faut avoir conscience que tout ne se prévoit pas. Les questions prévues sont un cadre nécessaire, mais elles ne sont pas exclusives. Il faut savoir poser des questions supplémentaires, pour éviter des erreurs d'interprétation, et le fait que certains interviewés peuvent avoir tendance à donner la réponse qu'ils pensent qu'on attend d'eux, voire encourager les personnes à tenir un discours concret.

Seules vos notes et votre mémoire serviront à exploiter les réponses :

- Prendre des notes, notamment les mots-clés prononcés.
- Ne pas hésiter à faire répéter.
- Reprendre ces notes dès que possible afin de ne rien oublier d'important.

Au terme de l'entretien, ne pas oublier de remercier l'interviewé.

Conseils

- Prévenir les managers des interviewés.
- Affirmer clairement les buts de l'entretien.
- Indiquer si les résultats seront ou non publiés.
- Préciser les règles d'anonymat et de confidentialité.
- Identifier soigneusement l'interviewé avant de le rencontrer.
- Choisir le lieu de l'entretien (influence de l'environnement) et le moment.

Fiche 41 RÉDIGER DES E-MAILS EFFICACES

Les e-mails sont devenus le moyen de communication le plus courant mais ils n'atteignent pas forcément l'objectif que l'expéditeur poursuivait... Leurs destinataires ne se sentent pas forcément impliqués, ne saisissent pas nécessairement l'essence du contenu et ne réagissent pas, dès la réception de l'e-mail, comme l'aurait souhaité l'expéditeur...

Que faire pour les rendre plus efficaces ?

DÉFINIR UN OBJECTIF CLAIR

On en revient toujours à la demande initiale en termes de communication : qu'est-ce que je veux que mon interlocuteur sache, pense ou fasse ? (cf. fiche 3).

Un objectif peut être :

- un conseil (vous pouvez utiliser la matrice ci-jointe pour calculer vos devis) ;
- une question (que voulez-vous faire des invendus de la dernière campagne ?) ;
- un ordre (pour être en cohérence avec les instructions budgétaires, il faut prévoir une hausse des matières de 5 % et communiquer vos volumes avant le 5 octobre) ;
- une information (le nouveau calendrier du reporting est accessible sur l'intranet...).

Pour garantir que l'e-mail soit lu et bien compris, et pour éviter la confusion, il vaut mieux aller à l'essentiel et définir **un seul objectif par e-mail**.

On placera également cet objectif au début de l'e-mail, dans le deuxième paragraphe, sauf dans le cas d'un message très court où il apparaîtra dès le premier paragraphe.

Les personnes ayant un profil « Faits » apprécieront que l'on aille directement à l'essentiel.

Commencer l'e-mail en s'adressant à son interlocuteur

Utiliser dans le premier paragraphe les pronoms « **vous/tu** » ou les adjectifs possessifs « **votre/ton** » montre que :

- on s'adresse bien au(x) destinataire(s) ;
- on parle d'eux avant soi, ce qu'ils apprécieront même inconsciemment ;
- on redéfinit le contexte dans lequel on s'adresse à eux (réponse à une de leurs demandes, par exemple ; dans ce cas, la reformulation de la demande permettra de rassurer le(s) destinataire(s) sur le fait qu'on l'a ou les a bien compris).

Les personnes orientées « Hommes » seront particulièrement sensibles à cette marque d'attention qui met l'autre en avant.

Structurer l'e-mail

Pour garantir le maximum de fluidité et de compréhension de l'e-mail, il est important de le structurer correctement tant sur le fond que sur la forme.

Sur le fond, voici le plan classique que devrait suivre un e-mail :

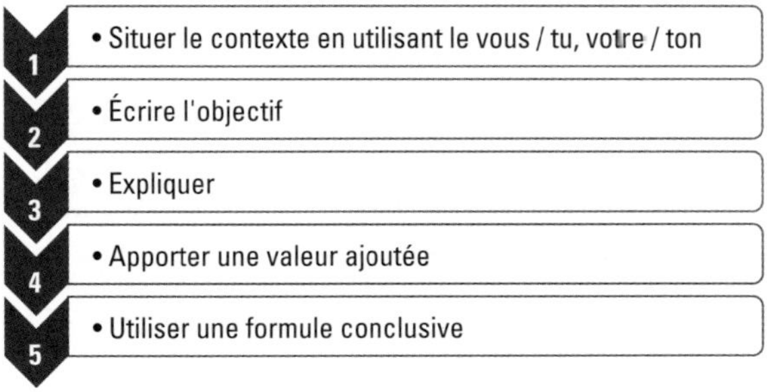

Sur la forme,

- utiliser des paragraphes ;
- créer des titres ;
- utiliser des puces ;
- mettre en gras ce qu'il est important de retenir…

Les personnes ayant un profil de communication du type « Méthodes » liront plus facilement des e-mails bien structurés.

Rédiger un « objet » percutant

Un objet percutant reprend les principales caractéristiques du mail sans répéter ce que dit l'e-mail :

- il commence par « vous/tu » ou « votre/ton » ;
- il donne une information suffisamment détaillée, attendue par le destinataire, plutôt que courte et énigmatique ;
- il évite du coup les mots vagues tels que « renseignements », « informations », « demande »... ;
- il donne envie de lire le reste de l'e-mail.

Utiliser des phrases courtes

L'e-mail est un genre de communication écrite, il ne s'agit donc pas d'écrire comme l'on parle.

Voici quelques astuces à avoir en tête :

- écrire des phrases d'un maximum de 20 mots ;
- commencer par les mots-clés ;
- utiliser des puces pour les énumérations ;
- se servir de la ponctuation pour faciliter la lecture (les deux points et le point-virgule peuvent s'avérer utiles) ;
- poser les questions en style direct (« que décides-tu ? » au lieu de « je voudrais te demander ce que tu comptes décider ») ;
- éviter de se justifier (se centrer sur ce qui est important que le destinataire retienne).

Conseils

- **Éviter les formules épistolaires :** préférer « Bonjour/Cordialement » à « Cher Monsieur Dupont/Je vous prie de croire, Monsieur, en mes sentiments les meilleurs ».
- **Éviter l'impératif et le style télégraphique** qui, au-delà de brusquer votre destinataire à cause d'un style trop sec, risque de prêter à confusion : « Qui devra faire la tâche évoquée : lui ou quelqu'un d'autre ? »

.../...

…/…

- **Éviter les formules « merci de » ou « je te remercie de »,** qui sont des impératifs cachés. Utiliser le style direct interrogatif, puis remercier : « Peux-tu s'il te plaît m'envoyer tes commentaires avant mercredi ? Je t'en remercie »
- **Éviter les adverbes de temps** trop imprécis : « à notre coup de fil d'hier », préférer « celui du 5 septembre » et à « la réunion de la semaine prochaine », préférer « la réunion du 12 octobre ».

Fiche 42 RÉDIGER UN PLAN D'ACTION

La formalisation écrite du plan d'action est une garantie de succès dans l'atteinte des objectifs. Au regard de la méthode ACIER, un plan d'action est constitué d'une liste d'actions concrètes, assorties d'un calendrier et d'un ensemble de moyens. Il désigne nommément des responsables en charge de l'avancement de chacune des actions.

Actions passées et à venir.

Concrètes (ni adverbe, ni adjectif).

Identifiées : qui fait quoi et qui est responsable de ?

Echéancées : pour quelle période, quelle durée, quel délai ?

Réalistes : les résultats seront-ils atteints ? De quelles ressources a-t-on besoin ? Quels peuvent être les freins ?

Actions passées et à venir

La phase d'identification des leviers opérationnels est primordiale. Ceux-ci correspondent aux variables dont l'évolution conditionne, de façon déterminante, le succès ou l'échec des objectifs à atteindre. Ils doivent, en principe, correspondre à ceux mis en œuvre dans le cadre de la performance des activités de l'entreprise.

Actions concrètes (ni adverbe, ni adjectif)

Une fois les actions identifiées et retenues, il est important de bien définir les principes qui vont permettre de les quantifier. Le plan doit faire apparaître une fourchette de valeurs avec une situation probable correspondant à ce que le manager pense réaliser, et une situation cible.

Actions identifiées : qui fait quoi ? Qui est responsable de quoi ?

Cette phase permet également de cibler les acteurs. Le comité de direction et la direction financière sont les sponsors. Le management ciblé, proche des équipes, joue le rôle de leader de l'exécution du plan d'action.

Actions échéancées : pour quelle période, quelle durée, quel délai ?

Le plan d'action nécessite la mise en place d'un planning strict avec des étapes définies à respecter. Il est planifié selon un rythme adapté aux leviers concernés, permettant aux managers de l'appliquer.

Actions réalistes : les résultats seront-ils atteints ? De quelles ressources a-t-on besoin ? Quels peuvent être les freins ?

Les bénéfices attendus d'un plan d'action sont directement liés aux effets de levier des actions mises en œuvre pour la performance de l'entreprise. Ils correspondent à des sources de revenus additionnels (volume de commandes, chiffre d'affaires par ligne de produits…) ou à des réductions de coûts (coût direct associé au chiffre d'affaires, masse salariale, autres charges…) présentant un niveau d'élasticité important au regard de l'activité.

Ces bénéfices potentiels sont appréciés au regard du coût des ressources à engager pour l'exécution (coût direct, temps passé, investissement) et au regard du degré de risque de non-récupération des revenus additionnels prévisionnels.

Exemple de formalisation d'un plan d'action

ACTION CONCRÈTE	RESPONSABLE	DÉBUT	FIN	RÉSULTATS ATTENDUS	RESSOURCES	RISQUES
Changer le plan de commissionnement basé sur les ventes, au profit d'un plan indexé sur le niveau de marge et le respect de la politique commerciale.	Directeur commercial	Octobre (3 mois)	Décembre	Marge additionnelle sur ventes de 900 K€	Communication juridique : 100K€ Incitation financière à changer pour les franchisés	Moyen

Fiche 43 RÉDIGER UN RAPPORT DE SYNTHÈSE

Un rapport de synthèse est un recueil de faits et d'analyses, dont l'objectif est d'aider à la prise de décision. Il est constitué de trois parties : une introduction qui résume des faits, un développement qui expose les analyses et une conclusion qui présente des recommandations. Rédiger un rapport de synthèse, ce n'est pas seulement résumer, c'est aller plus loin.

MÉTHODOLOGIE DE TRAVAIL

Un rapport de synthèse est un travail méthodique. Il est primordial de bien distinguer les deux étapes qui vous permettent de ne pas courir plusieurs lièvres à la fois.

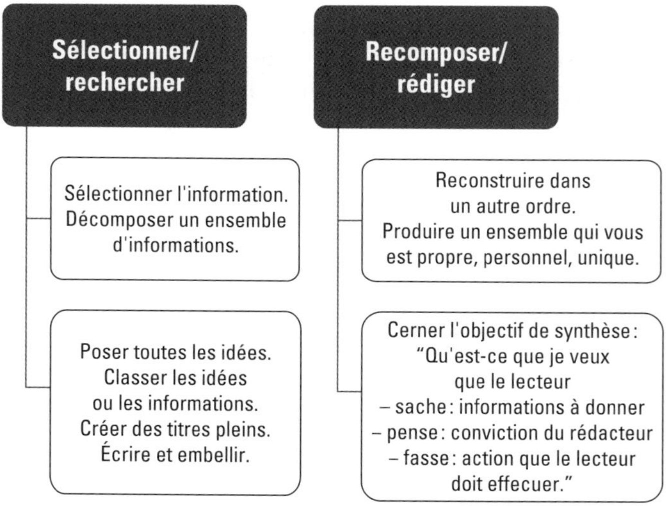

Faire un rapport de synthèse, c'est prendre le risque de sélectionner et d'éliminer, de garder et de jeter. Toute la question est de savoir comment on fait le bon choix de ce que l'on jette et de ce que l'on garde. Et, sans doute que le

« plus » demandé par votre responsable, sera de reprendre l'essentiel de ce qui a été dit ou écrit. En aucun cas il ne souhaitera que vous repreniez les bribes de quelques phrases. Il attendra que vous lui redonniez sous forme compactée les éléments essentiels.

L'essentiel, c'est le besoin du lecteur pour répondre à votre objectif. Il vous faut donc partir des informations à transmettre pour créer un pont, une passerelle et la rendre ainsi pertinente pour votre destinataire. Aller à l'essentiel, c'est faire le tri de ce que vous souhaitez dire, expliquer par rapport à votre interlocuteur. Il est donc primordial de vous interroger sur l'objectif de chaque information donnée : « À quoi sert-elle ? Est-elle pertinente pour mon destinataire ? »

Afin de gérer l'objectif « sache/pense/fasse » dans la rédaction du rapport de synthèse, il est important, à l'issue de chaque chapitre, de vous poser les questions suivantes :

- « En quoi cette information est-elle pertinente pour le destinataire ? »
- « En quoi l'ai-je convaincu que cette information lui est indispensable ? »

Méthodologie de rédaction

L'introduction commence par « vous » afin de plonger le lecteur dans ce qui l'intéresse ou dans son contexte (« Vous avez souhaité une étude comparative pour… »). Une fois que vous avez situé le contexte, il vous suffit d'annoncer les différentes parties de votre développement, avec plus ou moins de détails suivant la longueur de votre rapport de synthèse. C'est une sorte d'amorce, qui met le lecteur dans des conditions intellectuelles, qui lui permettront de lire plus rapidement et de fournir l'effort intellectuel nécessaire.

La conclusion est parfois la seule partie lue par les lecteurs pressés. Garder en tête que votre hiérarchie ne lit que la fin, doit vous faire acquérir le réflexe de remonter la conclusion au plus haut de votre rapport de synthèse… dans le titre. Pour synthétiser les points importants de votre document, posez-vous la question que votre lecteur se pose : « Quels sont les trois points essentiels à retenir ? »

Il convient d'éviter de garder le meilleur pour la fin. Pour intéresser le lecteur, il faut lui donner de l'intérêt à continuer sa lecture et, donc, lui délivrer le plus important rapidement. D'autre part, nous sommes toujours plus attentifs en début de document qu'en fin et plus attentifs au début des phrases, qu'à la fin que nous survolons la plupart du temps. Attention de bien cibler les attentes et les intérêts du destinataire, pour être sûr que le plus important que vous avez sélectionné est pour lui, et non pour vous.

Il est important de donner des repères en choisissant des titres percutants. Un titre est une synthèse de synthèse. Comme 70 % des lecteurs abandonnent leur texte après avoir lu le titre, il est important de créer un titre accrocheur. Un titre accrocheur est un titre long et porteur d'informations, non ambigu, non interprétable (par exemple : « Dix emplois à créer dans l'unité de maintenance préventive »). D'autre part, le titre (s'il est la conclusion) donne au lecteur l'information principale. Utiliser donc des titres pleins pour l'introduction (faits), le développement (analyses) et la conclusion (recommandations).

Conseils

- Travailler en deux temps.
- Se positionner par rapport aux besoins et aux attentes des destinataires.
- Rédiger des titres pleins qui donnent toute l'information attendue.

Fiche 44 RÉDIGER UN RAPPORT D'AUDIT

De plus en plus, il est demandé au contrôleur de gestion d'utiliser la démarche d'audit interne ou de contribuer à son déploiement. C'est un point très important aujourd'hui notamment dans certains secteurs (banque et assurance) où les contraintes réglementaires imposent la mise en œuvre d'une démarche de contrôle interne et de management des risques. Cette démarche s'inspire de la démarche de progrès continu qui s'articule autour des quatre points : Plan – Do – Check – Act (PDCA).

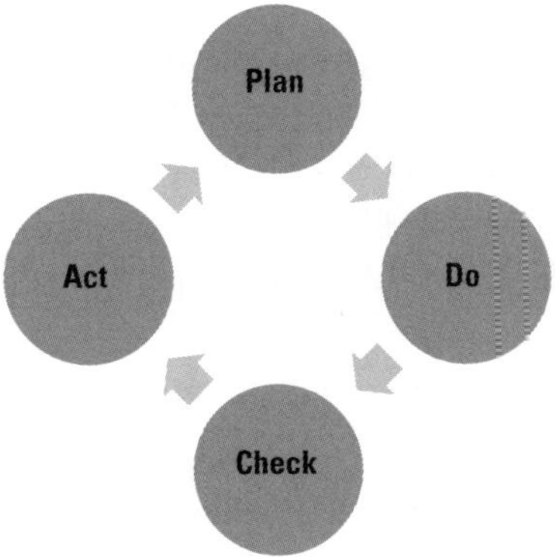

Un dossier est créé par mission. Il regroupe les papiers de travail support à toute justification. Il a une triple utilité :

- preuve ;
- efficacité ;
- formation (pour les nouveaux).

Il assure la traçabilité et le suivi des différentes missions.

Il existe deux domaines d'évaluation du risque :

- les risques associés aux activités ou risques d'entreprise ;
- les risques liés à l'existence d'un patrimoine ou risques aléatoires.

Lors d'un audit, il existe trois dimensions pour mesurer le risque :

- l'origine (cause de vulnérabilité sur laquelle il est possible d'agir) ;
- la manifestation (conséquence directe de la réalisation du risque) ;

- l'impact :
  - *fonctionnel* (dysfonctionnement de la gestion de l'entreprise),
  - *financier* (pertes financières ou surcoût).

Si l'on n'a pas d'informations suffisantes pour mesurer le risque, par exemple lorsque l'on n'a jamais mené à bien de mission d'audit, il faut essayer d'estimer les enjeux liés à chaque processus et/ou activité sur la base de critères généraux qui peuvent être :

- l'impact du processus ou de l'activité sur la compétitivité de l'entreprise ;
- le niveau d'intégration du processus ou de l'activité dans les processus de l'entreprise ;
- la complexité des opérations (tâches) du processus ou de l'activité ;
- le degré d'informatisation des tâches : risques de coupures ou d'arrêt, risques liés au partage du système, etc. ;
- l'expérience de l'entreprise ou des responsables dans les domaines et techniques gérés par le processus ou l'activité ;
- l'importance des changements subis (personnel, moyens techniques, méthodes de travail) ;
- le climat social dans l'entreprise ou dans les secteurs concernés ;
- l'impact de l'activité sur l'image de l'entreprise.

Au terme de l'audit, il faut formaliser une fiche de constats qui se présente comme suit :

Constats	Actions à mener
Risques financiers :	
Exigences :	
Écarts par rapport aux normes :	
Impact :	

Conseils

Prévoir des audits planifiés mais aussi inopinés.

PARTIE 3

POUR ALLER PLUS LOIN DANS LA COMMUNICATION

Fiche 45 ÉVALUER SA PRESTATION

Il s'agit d'évaluer sa prestation à l'oral, pendant une présentation ou pendant l'animation d'une réunion. Il est souvent difficile de s'auto-évaluer, donc il est pertinent de demander à l'un de ses collègues de remplir une fiche pendant la présentation. C'est une fiche de débriefing composée de six points portant à la fois sur le fond et la forme.

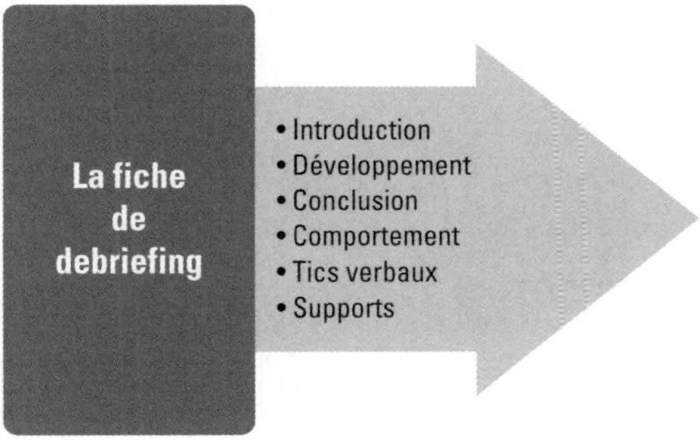

Introduction

L'introduction est-elle :

- sympathique (faite avec sourire et ouverture) ;
- structurée (annonce-t-elle « trois points ? », « quatre thèmes ? ») ;
- concise (il s'agit d'une introduction donc elle doit être courte).

Développement

Il s'agit de mettre en évidence les points suivants :

- l'utilisation d'anecdotes, d'exemples ou d'analogies ; par exemple présenter le bilan comme une « armoire normande avec deux battants qui représentent l'actif et le passif ».
- le respect du plan qui a été annoncé lors de l'introduction ;

- la reformulation après des remarques ou interruptions faites par des participants à la réunion ou présentation (la capacité à reformuler est une preuve d'écoute active) ;
- les questions ouvertes qui invitent au développement, par exemple : « Comment envisagez-vous la solution ? » ; « Pourquoi voulez-vous changer les indicateurs ? », « Quand doit-on démarrer ? », « Que mettre en évidence dans la procédure ? » ;
- les questions fermées qui permettent d'obtenir des réponses « oui » ou « non ».

Conclusion

La conclusion a-t-elle permis de mettre en évidence des messages principaux. A-t-elle repris les éléments décidés lors de la réunion ?

L'animateur de la réunion a-t-il profité de la conclusion pour valoriser son auditoire ? Par exemple en remerciant les participants pour leur implication, leur participation active.

Comportement

Tous les points suivants peuvent être observés :

- l'attitude ;
- les gestes ;
- les micro-expressions physiques telles qu'un froncement de sourcil comme expression de la surprise ;
- les mains, les bras ;
- l'écoute ;
- le regard ;
- la voix ;
- le débit ;
- l'intonation ;
- l'articulation.

Tics verbaux

Quand l'orateur a des tics verbaux se traduisant par la répétition d'un terme, l'auditoire se concentre sur ceux-ci et ne peut écouter ce qui est par ailleurs présenté.

Supports

L'orateur a-t-il utilisé des supports ? Leur nombre était-il adapté (il faut compter en moyenne un support pour 2 minutes de présentation) ? Les supports ont-ils été commentés ?

Conseils

Demander à ce que la fiche de débriefing soit remplie par plusieurs personnes afin de confronter les avis.

Éviter les pièges les plus courants

Être trop focalisé sur l'évaluation ce qui empêche d'être naturel

Fiche 46 SAVOIR SE RELIRE

Qu'il s'agisse d'e-mails, de commentaires de reporting, de *business plans* ou de présentations PowerPoint, qui n'ont pas vocation à être présentés à l'oral, ces différentes formes d'écrits, une fois transmises au(x) destinataire(s), seront comme des enfants qu'on a élevés et qu'on laisse partir : ils se débrouilleront seuls, devront se faire comprendre, atteindre seul leur but sans que les parents puissent apporter des explications complémentaires. Ils devront donc être suffisamment clairs pour ne pas prêter à équivoque.

Ils constituent par ailleurs une carte de visite qui représentera l'émetteur, sans que celui-ci soit à ses côtés pour justifier ce qui a été écrit : mieux vaut donc apporter le plus grand soin à ses écrits pour garantir que cette carte de visite démontre d'elle-même le professionnalisme de l'émetteur.

La relecture est du coup une bonne pratique à adopter car l'absence de fautes de frappe ou la clarté de certaines explications ne sont pas toujours faciles à obtenir au premier jet.

La relecture doit concerner autant le fond que la forme.

QUATRE QUESTIONS PRÉALABLES POUR GARANTIR QUE LE FOND EST PERTINENT

Elles doivent sous-tendre la première relecture :

1
- Ai-je bien ciblé mon ou mes lecteurs ?

2
- Le ton est-il adapté ?

3
- Suis-je bien dans le sujet ?

4
- Ai-je fait passer mon message ?
- Le(s) lecteur(s) sait-il ou savent-ils ce que j'attends de lui ou d'eux ?

Cinq points d'attention pour optimiser la forme

La ou les relecture(s) successive(s) doivent permettre de fluidifier la lecture du texte et sont la garantie d'un travail abouti et correct.

- Phrases courtes ? Paragraphes courts ?
- Expressions simples ?
- Point important dans le 1er paragraphe ?
- Texte organisé avec des arguments et des points factuels ?
- Ponctuation, orthographe et grammaire correctes

Conseils

- Utiliser les fonctions de révision de grammaire et d'orthographe des logiciels utilisés pour repérer facilement les fautes de frappe.
- Relire ses écrits à voix haute pour s'écouter et repérer d'éventuelles erreurs de syntaxe.
- Faire relire ses écrits par d'autres personnes et leur demander ce qu'elles ont retenu pour vérifier la clarté de sa production.

Fiche 47 DÉCODER LA COMMUNICATION NON VERBALE

Pour garantir que la communication est efficace, c'est-à-dire que la réception du message par le(s) destinataire(s) est la meilleure possible, l'émetteur doit veiller à être congruent.

LA CONGRUENCE POUR GARANTIR LA TRANSMISSION DU MESSAGE

On parle de congruence quand les trois registres de communication sont en phase :

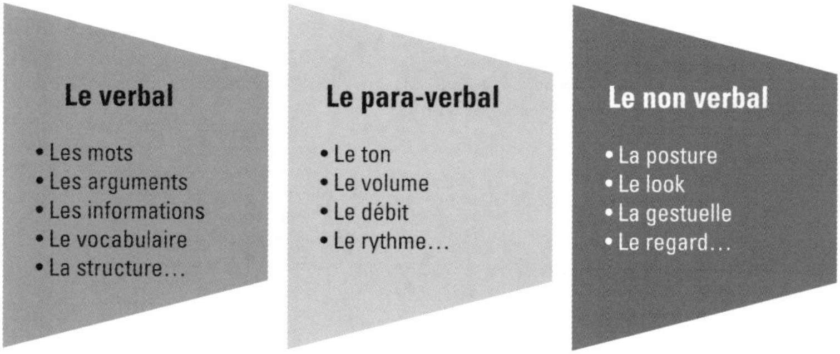

En cas d'incongruence, l'auditoire se fie davantage à ce qu'il voit ou perçoit qu'à ce qu'il entend et la confiance ne peut s'établir correctement. Si je dis : « Je suis ravi d'être avec vous aujourd'hui », sur un ton timide, en me tordant les mains sans regarder mes interlocuteurs, le message ne sera pas crédible et donc pas reçu par l'auditoire. Les grands orateurs incarnent leurs messages et séduisent en général leur auditoire car ils sont complètement congruents.

Pour être congruent, il faut donc avant tout être bien en phase avec son message, y croire et être bien préparé.

Être capable de détecter les signes d'incongruence de vos interlocuteurs pourra permettre de repérer leur gêne par rapport à un sujet, leur conviction, leur refus pas forcément explicité… Apprendre à détecter les micro-mouvements de vos interlocuteurs et savoir les interpréter, comme l'enseigne la synergologie, peut vous aider à adapter votre communication.

Voici donc quelques astuces pour s'initier à décoder la communication non verbale.

Les positions du corps

Vers l'avant : en dehors d'une situation bruyante, où naturellement l'interlocuteur aurait besoin de se rapprocher pour mieux vous entendre, cette position semble montrer un « penchant » vers vous, il est donc plutôt en empathie et ce que vous dites semble l'intéresser.

- S'il vous présente par ailleurs plutôt son **côté droit** (œil droit, main droite…), c'est le cerveau gauche qui est aux commandes, celui du raisonnement et de la logique : il pourrait donc être plutôt en train de **réfléchir**, d'**analyser** votre discours. Il a peut-être un profil de communicant plutôt orienté « Faits » ou « Méthodes » (cf. fiche 4).
- Si, en revanche, c'est le **côté gauche** qui est mis en avant, c'est alors le cerveau droit qui semble à l'œuvre, traduisant **émotion**, **intérêt**… et vous avez certainement plus à faire à une personne orientée « Hommes » ou « Idées ».

Vers l'arrière : votre interlocuteur semble prendre du **recul** par rapport à ce que vous êtes en train de dire. S'il croise les bras ou les jambes à ce moment-là, il se ferme d'autant plus à la conversation. Votre argument ou le sujet ne lui plaisent peut-être pas ou bien il a besoin de temps pour réfléchir. À vous alors de rebondir pour mieux comprendre et le laisser s'exprimer sur le sujet pour mieux savoir comment l'intéresser. Posez-lui des questions qui l'impliquent (cf. fiche 21).

Les jambes

Ce sont des membres très mobiles, c'est l'interprétation de leurs mouvements par rapport à la situation précédente ou à l'environnement qui permet de décoder correctement leurs signes.

Si deux personnes sont assises en **croisant les jambes** et que leurs jambes vont vers l'autre, cela est plutôt un signe d'empathie. Si elles sont croisées en parallèle, la bulle de la communication n'est pas mise en place et ces deux personnes pourraient être sur deux longueurs d'ondes différentes.

Si une personne est assise avec **les deux pieds relevés sur les pieds de sa chaise**, cela pourrait montrer qu'elle est prête à quitter les lieux, qu'elle est pressée… Ce n'est alors pas le moment de se lancer dans une grande démonstration.

Si une personne debout se **dresse sur ses talons**, de façon assez fugace avant de les reposer au sol, cela peut montrer sa fierté par rapport au sujet. Il ne s'agit alors pas de la critiquer. Vous pouvez vous appuyer sur cette expérience pour lui montrer les similitudes avec ce que vous voulez lui proposer.

Les mains

Les **mains ouvertes** tournées vers l'autre sont plutôt signes d'empathie.

Au contraire les mains **derrière le dos** ou que l'on frotte démontrent une certaine timidité ou une certaine gêne.

Les mains **sur les hanches** traduisent un certain autoritarisme ou une claire détermination.

Les mains sont aussi très souvent l'instrument de micro-démangeaisons, qui révèlent des signes de l'inconscient. Les **démangeaisons** peuvent survenir lorsque l'on hésite ou que l'on a une décision difficile à prendre. Voici quelques signes qui pourraient vous mettre sur la voie :

- Une main qui frotte le menton peut traduire le doute de votre interlocuteur. À vous de lui en dire plus pour le convaincre ou d'être attentif à mieux répondre à ses attentes.
- L'index qui frotte le dessous du nez montrerait un signe de refus ou de désaccord.
- L'index qui tente d'enlever une poussière dans l'œil pourrait dire que l'interlocuteur refuse de voir ce que vous lui exposez ou ce qu'il dit. Ce n'est pas forcément un détecteur de mensonge infaillible, peut-être est-il nécessaire de clarifier le propos pour l'aider à mieux voir ?
- Une main qui gratte le bas du dos peut traduire un sentiment de pénibilité (« j'en ai plein le dos »). À vous de comprendre ce qui se cache derrière pour ne pas risquer une mauvaise interprétation.

Conseils

- Attention cependant, pour une interprétation correcte, ces gestes doivent être replacés dans leur contexte et font partie d'un ensemble de signes ou de paroles qui se complètent : un geste isolé n'a pas forcément de valeur.
- On peut s'entraîner à repérer et à interpréter les signes de communication non verbale quand on n'est pas le protagoniste principal de la communication : on est en effet plus libre d'observer les autres en réunion ou séminaire par exemple (cf. fiche 45).

Fiche 48 COMPRENDRE LES CAUSES D'ÉCHEC D'UNE RÉUNION

Nous passons beaucoup de temps en réunion et parfois il s'avère que nous perdons notre temps. La réussite d'une réunion réside à 80 % dans sa préparation et dans le fait qu'il faut prendre en compte des points logistiques et humains.

Le moment

La réunion est organisée en tout début de semaine ou en toute fin de semaine : le lundi à 7 h 30 ou le vendredi à 19 h 30, ou juste avant un grand départ en congés. Les participants n'ont pas envie de venir à une réunion et celle-ci a toutes les chances de pâtir de l'absence de certains participants ou du manque de participation active. La durée de la réunion est aussi une cause d'échec : trop longue, la réunion perd en efficacité.

Le lieu

La salle doit être adaptée au nombre de personnes, équipée avec le matériel le plus souvent utilisé aujourd'hui (vidéoprojecteur, appareil de visio-formation si nécessaire), et calme. Une salle non adaptée peut causer l'échec de la réunion : un matériel qui ne fonctionne pas, une salle trop petite sont des éléments suffisants pour que la réunion se passe mal.

L'animateur

Un animateur de réunion qui n'a pas assez préparé la réunion, arrive en retard ou n'assure pas l'animation effective de la réunion et là encore, c'est l'échec assuré ! Le manque de compétence de l'animateur peut aussi être un facteur entraînant l'échec de la réunion : il ne sait pas animer une réunion, il n'a pas la compétence sur le thème développé pendant la réunion.

Les participants

À l'origine de l'échec de certaines réunions : les participants, notamment quand il s'agit d'une réunion de travail. Ils sont trop nombreux pour travailler ensemble. Ce ne sont pas les personnes idoines pour prendre la décision attendue de la réunion. Ils ne s'écoutent pas, ne se respectent pas ou ne respectent pas les consignes de l'animateur de la réunion.

Le contenu

Le thème et les objectifs n'ont pas été clairement précisés et le contenu est vague. L'ordre du jour n'existe pas, est trop riche, n'est pas respecté pendant la réunion. Aucun message précis ne ressort de la réunion. Certains participants n'ont pas été prévenus qu'ils devaient intervenir lors de la réunion et ne peuvent le faire ou ne peuvent le faire correctement.

Les supports

Les supports ne sont pas adaptés : ils sont trop nombreux et ne permettent pas de prendre des notes ; les tableaux comportent trop de chiffres et sont donc illisibles.

Le compte rendu

Le compte rendu n'est pas rédigé, il n'est pas le reflet des échanges et des décisions prises pendant la réunion ; il est diffusé trop tard ; il n'est pas diffusé aux bonnes personnes.

Conseils

- Préparer la réunion en amont.
- Ne pas négliger les aspects logistiques.

Éviter les pièges les plus courants

Un thème peu clair et des objectifs inexprimés.

Fiche 49 REPÉRER LE TRIANGLE DE KARPMAN

Dans les années 1960, le docteur Karpman a modélisé les risques de conflits entre les personnes sous le concept de « triangle dramatique ». Ce concept permet de déterminer quand une personne est en train de jouer un rôle négatif envers une autre personne. Dans un conflit, les protagonistes jouent de façon inconsciente trois rôles complémentaires dans le triangle : persécuteur, sauveur ou victime.

Tant que nous avons une représentation positive de nous-même et de notre interlocuteur, il n'y a pas de conflit et la communication est efficace. En revanche, dès que les protagonistes ne sont plus dans cette représentation positive, ils endossent l'un des trois rôles dans le triangle.

PERSÉCUTEUR (+/ –)	SAUVEUR (+/–)	VICTIME (–/+)
Représentation : « J'ai de la valeur, tu n'en as pas. » Pointe sur ce qui ne va pas. Attaquant : considère l'autre comme incapable, et recherche en lui une victime.	Représentation : « J'ai de la valeur, et tu pourrais en avoir si je viens à ton secours. » Protecteur : très gratifiant, mais plaçant l'autre en incapacité.	Représentation : « Je suis incapable. » Recherche un sauveur pour faire à sa place.

Seule une représentation positive de soi et de l'autre permet d'obtenir une coopération efficace, d'affirmer son intérêt, et de prendre en compte l'intérêt de l'autre dans une intention gagnant/gagnant.

Premier enjeu : repérer les jeux psychologiques

Les jeux psychologiques sont repérables car :

- « Il y a un sous-entendu sous le message apparent. » Les mots délivrent un message alors que le paraverbal (intonation, débit de la voix) et le non-verbal (posture, gestuelle, expression du visage) en délivrent un autre. Est-ce que « vous paraissez bien jeune pour occuper ce poste » est une opinion, ou faut-il comprendre « vous n'êtes pas compétent à votre âge » ?

- « Ils sont répétitifs et prévisibles. » Les protagonistes ont la sensation de revivre une scène et d'en connaître l'issue.
- « Ils suscitent des émotions négatives » à la fin des échanges : colère, tristesse, incompétence, culpabilité...
- « Ils génèrent un moment de confusion mentale et émotionnelle » qui suscite des réflexions du type : « Je me suis encore fait avoir. »

Ces jeux psychologiques peuvent être initiés par nos interlocuteurs qui vont chercher des signes de reconnaissance négatifs. Les identifier permet de leur offrir des signes de reconnaissance positifs. Ils peuvent aussi être initiés par nous-même, lorsque nous abordons la relation dans une position de vie +/– ou –/+, ou lorsqu'on se sent coincé ou inefficace. Les identifier permet de prendre du recul et d'éviter d'entrer dans le jeu.

Second enjeu : sortir des jeux psychologiques

1. Repérer une amorce permet d'éviter d'entrer dans un jeu conflictuel. Si mon interlocuteur fait un sous-entendu, il est possible qu'il commence le jeu.

> *Exemple*
> *Sauveur : « En fait, ce que tu essaies de m'expliquer, c'est que... » ; « Tu peux toujours essayer... »*
> *Persécuteur : « J'espère au moins que tu as pensé à... » ; « Tu veux que je te dise... »*
> *Victime : « Je préfère ne rien dire quand c'est comme cela... » ; « Je t'ai encore dérangé pour rien... »*

2. Avoir conscience de ses points faibles car le jeu démarre lorsque l'amorce vient toucher l'une de nos caractéristiques que nous percevons comme un point faible : « j'ai l'impression que je ne fais que des erreurs... » ou « j'ai l'impression que je ne suis pas compétent... ». Le point faible peut concerner le sentiment d'importance, le sentiment de compétence, ou le sentiment d'amabilité. Prendre conscience de ses points faibles permet d'avoir du recul par rapport aux amorces proposées.

3. Déjouer les jeux proposés par les autres ou nous-même.

	FACE À UN :	EN TANT QUE :
Persécuteur	Faire clarifier le sous-entendu : « Que souhaitez-vous me dire ? » « C'est votre interprétation »	Prendre en compte les besoins de l'autre. Ne pas agresser l'autre même si j'ai une bonne raison. Se mettre dans une dynamique de protection.
Sauveur	Remercier pour la proposition et clarifier sa demande : « Votre sollicitude me touche, j'ai simplement besoin de… »	Ne pas s'engager sur ce qu'on ne peut pas faire. Rester dans son domaine de responsabilité. N'aider qu'en cas de demande explicite. Donner la permission.
Victime	Faire clarifier la demande pour l'aider à sortir de son rôle : « Qu'attendez-vous de moi ? » « En quoi puis-je vous aider ? »	Exprimer ses besoins sans quémander. Formuler des demandes claires. Éviter que les autres règlent mes problèmes à ma place. Se mettre dans une dynamique de création.

Les bonnes questions à se poser pour sortir du triangle :

- « Quel rôle ai-je à endosser quand je rentre dans le triangle ? Avec qui ? »
- « Quel point faible est touché chez moi ? »
- « Ai-je repéré les jeux que j'initie et ceux auxquels je suis invité à jouer ? »
- « Quelles pistes retenir pour éviter les jeux ou en sortir ? »

Fiche 50 GÉRER LES CONFLITS

Savoir gérer les conflits, c'est savoir exprimer son point de vue en faisant preuve d'assertivité. L'assertivité, de *to assert* en anglais, signifie l'affirmation de soi. Elle se travaille et s'exprime au travers d'un outil : le DESC, composé des quatre étapes décrites ci-dessous.

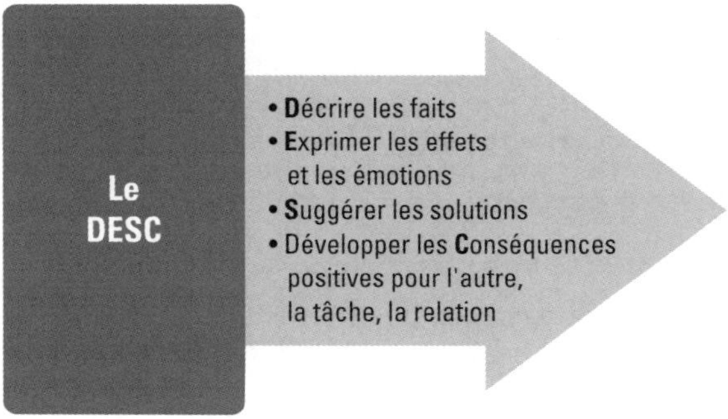

DÉCRIRE LES FAITS

Il s'agit de donner une description précise et factuelle, portant sur des faits avérés, de manière à ce que l'interlocuteur ne puisse pas apporter de contradiction.

> *Exemple pour un retard dans les chiffres : « Cela fait 3 mois que vous ne me donnez pas les chiffres dans les temps alors que je vous envoie un e-mail de relance deux jours avant le délai imparti. Par conséquent, je suis obligée de faire les analyses et commentaires accompagnant le reporting pour la direction au dernier moment et cela me contraint à faire une nocturne pour remettre les éléments de reporting dans les temps. »*

Exprimer les effets et les émotions

C'est une étape importante car elle montre à l'interlocuteur ce que l'on ressent. C'est en général ce qui fait ciller l'interlocuteur car il prend conscience du fait que ses actes ont un impact humain et pas uniquement technique.

> *Exemple pour un retard dans les chiffres : « Je suis contraint de faire une nocturne et cela me gêne car je fais alors les analyses et les commentaires dans l'urgence ce qui peut me pousser à faire des erreurs. »*

Suggérer les solutions

Le but de la démarche est de trouver une solution afin que le problème ne perdure pas. Il est pertinent de demander à l'interlocuteur de trouver lui-même une solution afin de l'engager.

> *Exemple : « Que proposez-vous pour ne plus avoir de retard ? »*

Dans certains cas, l'interlocuteur ne propose rien ; il convient alors de lui suggérer une solution.

> *Exemple : « Je vous propose que l'on travaille ensemble pour que vous sachiez comment trouver les chiffres et les donner dans les temps. Je vous montrerai quelle est la méthode pour fiabiliser les chiffres. »*

Développer les conséquences positives pour l'autre, la tâche, la relation

Cette étape permet de dépasser la simple solution au problème rencontré et de capitaliser sur la solution pour renforcer la relation professionnelle.

> *Exemple : « En travaillant ensemble non seulement vous serez en mesure de me transmettre les chiffres dans les délais, mais vous saurez aussi comment aller fiabiliser les données et mener une analyse, ce qui pourra vous être utile pour remettre des éléments dans le cadre d'un autre reporting ».*

Conseils

Utiliser le DESC en tête à tête et non devant tierce personne.

Éviter les pièges les plus courants

Ne pas oser exprimer ses émotions alors que c'est bien souvent cette étape qui fait prendre conscience à l'autre qu'il met son interlocuteur dans une situation gênante.

Fiche 51 SAVOIR DIRE NON

Être un bon *business partner* ne veut pas forcément dire que l'on doit dire oui aux opérationnels tout le temps. Le rôle du contrôleur de gestion, c'est aussi d'être le gardien du temple (cf. fiche 1). Il lui faut donc aussi savoir dire non, d'une manière diplomatique mais ferme, pour assumer correctement cette mission.

L'outil ECAPA

Pour le faire en respectant tous les bons principes de communication vus précédemment, voici donc ECAPA, un outil complémentaire avec différentes étapes à dérouler dans l'ordre :

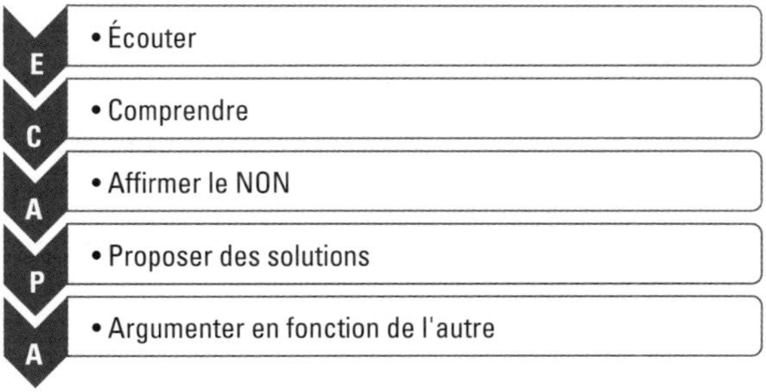

Écouter

Écouter vraiment jusqu'au bout et sans interrompre son interlocuteur, sinon il risque d'avoir l'impression qu'on n'est pas intéressé par son point de vue (cf. fiche 22).

Les personnes au profil « Hommes » y seront particulièrement sensibles (cf. fiche 6).

Noter les éléments essentiels qui éviteront de le faire répéter.

Comprendre

Il s'agit à cette étape de montrer à l'autre qu'on l'a bien compris. La reformulation est donc indispensable (cf. fiche 23). On doit s'attacher à mettre en évidence le but ou le besoin sous-jacent de l'autre, ses éventuels sentiments associés.

Affirmer le non

Il s'agit d'affirmer clairement le NON, sans équivoque : « je ne veux pas », « je ne souhaite pas », « je n'ai pas l'intention de »... tout en précisant que c'est un NON à la demande telle qu'elle est présentée à ce moment-là. On laisse ainsi la porte ouverte pour des aménagements possibles.

Proposer des solutions

Il s'agit ensuite d'évoquer des solutions ou des options alternatives qui conviendraient aux deux parties (cf. fiche 25).

N'en proposer qu'une pourrait être ressenti comme trop restrictif en particulier pour les personnes plutôt orientées « Faits » (cf. fiche 7) qui aiment avoir le choix pour décider.

Argumenter en fonction de l'autre

Il s'agit de trouver les bons arguments auxquels l'interlocuteur sera sensible et qui tiennent compte de la tâche à réaliser, de la relation établie, des intérêts de l'autre (cf. fiche 36).

Quelques bonnes pratiques complémentaires

Pour mémoire, voici quelques éléments à avoir en tête lorsque l'on n'est pas forcément d'accord avec son interlocuteur et que l'on doit faire face à son mécontentement.

En termes d'**attitudes** :

ATTITUDES À ADOPTER	ATTITUDES À BANNIR
Sourire, prendre une attitude positive. Rester calme. Synchroniser le débit (pas le volume), baisser le ton, ralentir le débit, parler calmement. Prendre la demande de l'autre en considération en la valorisant. Faire émerger les faits et les sentiments en évitant les opinions. Savoir reconnaître son erreur. Isoler le cas. Dire ce que vous pouvez faire plutôt que ce que vous ne pouvez pas faire. Maîtriser la durée de l'entretien. Se rappeler de parler « je » et pas « vous ».	Couper la parole. Se mettre en colère. Se défendre : « Mais je te l'ai envoyé. » S'excuser platement : « On est débordé. » Parler vite. Dire : « Je ne peux pas... » Parler fort (risque d'escalade). Prendre une attitude agressive.

Il faut dans la mesure du possible éviter d'utiliser des « tu qui tuent », surtout dans la phase de reformulation.

> *Exemples :*
> *« J'entends votre mécontentement » plutôt que « vous êtes mécontent. »*
> *« Je vois qu'il y a une faille dans le système » plutôt que « tu as mal saisi tes chiffres. »*

Pour s'affirmer avec souplesse face à ses interlocuteurs, on peut également utiliser deux techniques complémentaires :

- **L'édredon** pour montrer à l'autre qu'on l'a bien entendu :
  - dire « c'est possible que… » face à des opinions ;
  - dire « c'est exact que… » face à des faits.
- **Le disque rayé** : réaffirmer calmement sa position ou son non.

Conseils

- S'assurer à l'issue de l'entretien que la solution ou l'option finalement choisie convient bien à l'interlocuteur.
- Dans certaines entreprises, les contrôleurs de gestion ont parfois comme surnom « Monsieur ou Madame NON ». Pour ne pas mériter cette étiquette, il faut éviter dans la mesure du possible de commencer ses phrases par « non » ou « oui, mais » ; se rappeler de mettre régulièrement en avant les points d'accord.

Fiche 52 DÉVELOPPER SON ASSERTIVITÉ

L'assertivité, c'est l'affirmation de soi de façon constructive qui permet :

- de défendre ses droits en respectant ceux des autres ;
- d'exprimer sa vérité, ses idées, ses besoins, ses désirs ;
- de vivre avec les autres sur la base d'aménagements acceptables par tous.

Cette compétence est utile au contrôleur de gestion qui doit parfois savoir dire non à ses interlocuteurs, qui doit assumer son rôle de gardien du temple que cela plaise ou non aux opérationnels avec lesquels il travaille...

Cette attitude n'est cependant pas si facile à maîtriser et on constate que trois types de comportements prennent souvent le pas, bien loin des principes de l'assertivité.

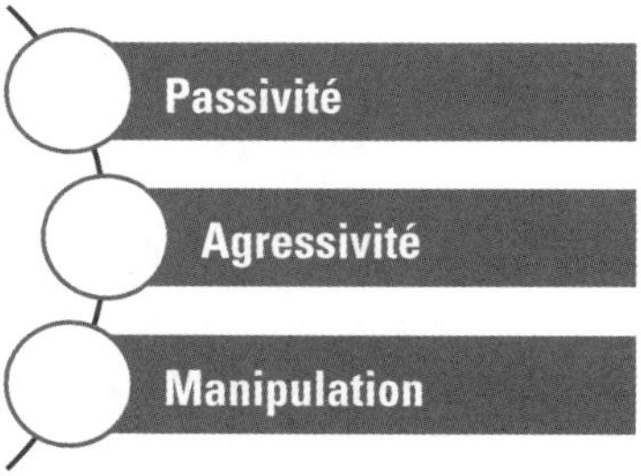

De la passivité à l'assertivité

La passivité est le comportement typique des personnes qui ne prennent jamais parti, qui sont polies, modestes, discrètes, qui ont un sens de la discipline excessif, qui prennent peu d'initiatives et laissent les autres prendre les décisions à leur place, qui ont un esprit de conciliation et d'abnégation développé et qui ont donc tendance à se sur-adapter.

Pourquoi adoptent-elles ce comportement ?

Car elles ont souvent besoin d'être appréciées, entourées, aimées (comme pourraient l'être des personnes ayant un profil « Hommes »), elles ont peur de s'engager, d'être sanctionnées, elles manquent d'intérêt.

Quelques-unes de leurs expressions favorites :
« Je fais ce qu'on me demande. Le chef a dit... »
« De toutes les façons, qu'est-ce que je peux faire ? »
« Ce n'est pas mon problème »
« J'ai pas le temps »
« Chacun fait ce qu'il veut, je ne me mêle pas des affaires des autres »
« Vous avez sûrement raison »...

Un tel comportement génère cependant des conséquences négatives comme :

- une certaine souffrance personnelle car on ne se respecte pas et on risque de développer rancœur et ressentiment ;
- une communication avec les autres peu équilibrée qui engendre marginalisation et déconsidération ;
- le développement d'un certain anonymat...

Conseils pour les personnes ayant un profil passif

- Pour éviter la frustration, **oser vous exprimer** pour dire votre avis, vos sentiments dans la situation, vos demandes, en prenant la parole en premier dans un groupe.
- Pour éviter les remords, accordez-vous **le droit à l'erreur** et acceptez de ne pas être parfait. Oubliez ce qui a déjà été fait et **tournez-vous vers le futur.**
- Pour éviter d'être irrité par votre propre comportement, observez les autres, rappelez-vous **vos succès passés.**
- Pour ne pas ressentir de sentiment de vengeance, **prenez du recul et du temps pour vous** pour baisser la charge émotionnelle et, une fois calmé, exprimez-vous.

De l'agressivité à l'assertivité

L'agressivité s'observe chez les personnes qui parlent fort, beaucoup, en interrompant les autres. Elles ont souvent une attitude arrogante, dédaigneuse, ironique ou extravagante. Elles montrent souvent de l'impatience et ont tendance à imposer leurs objectifs en déstabilisant leurs interlocuteurs.

Pourquoi se comportent-elles ainsi ?

Ce comportement est souvent adopté par des personnes qui ont été frustrées dans le passé, parfois à cause de problèmes personnels (maladie, manque d'argent...) et ont un désir de revanche plus ou moins conscient. Pour d'autres, c'est davantage leur peur de l'autre, leur manque de confiance en elles-mêmes, leur hypersensibilité qui les amènent dans cette voie pour se protéger. Enfin, certaines peuvent, à l'inverse, avoir une trop grande confiance en elles-mêmes ou une certaine impulsivité.

> *Quelques-unes de leurs expressions favorites :*
> *« Moi, je ne veux pas le savoir, débrouillez-vous ! »*
> *« Dans ce secteur, il faut savoir s'imposer »*
> *« Vous ne comprenez rien. »*
> *« Vous avez tort... »*
> *« Pour être franc... »*
> *« Ça passe ou ça casse... »*

Un tel comportement impliquera sûrement un certain nombre de conséquences négatives comme :

- de la démotivation, un blocage ou un désir de vengeance de l'entourage ;
- une augmentation inutile du stress ;
- un isolement de la personne qui entraîne un manque de partage d'informations utiles.

Conseils pour les personnes ayant un profil agressif

- Pratiquez l'empathie autant que possible : écoute active, repérage des qualités principales, des goûts de votre interlocuteur.
- Attachez-vous à établir et à maintenir de bonnes relations : en vous détendant, en souriant, en laissant une sortie honorable à l'autre même si vous avez raison, en vous intéressant aux propositions et aux bonnes idées de l'autre, en exprimant votre désaccord tranquillement.
- Plutôt que « oui mais... », utilisez « oui et je dirais même plus... ».

De la manipulation à l'assertivité

Les personnes qui adoptent des comportements manipulateurs sont souvent opportunistes et versatiles : elles tiennent des discours différents selon leurs interlocuteurs, flattant et complimentant volontiers. Certaines lancent des rumeurs, prêchent le faux pour savoir le vrai. D'autres se tiennent volontiers en retrait, dissimulant leurs objectifs, parlant peu ou par ellipse et insinuation. Certaines préfèrent avoir recours à des intermédiaires pour faire passer leurs messages ou promettent beaucoup mais ne tiennent pas leurs engagements.

D'où leur vient un tel comportement ?

C'est souvent le fruit de leur éducation où on leur a inculqué des croyances du type :

- « Il faut diviser pour régner. »
- « Cela peut être dangereux de dire la vérité. »
- « C'est plus facile d'agir par l'intermédiaire d'autrui. »
- « Il faut savoir se protéger. »
- « La fin justifie les moyens ».

Quelques-unes de leurs expressions favorites :
« J'ai cru comprendre par untel que…, évidemment tout cela doit rester entre nous. »
« Tu comprends ce que je veux dire. »
« Je te dis ça pour ton bien, mais à ta place je me méfierais de lui. »
« Mes très chers amis… »
« Ne penses-tu pas que… »

Un comportement manipulateur engendrera fréquemment :

- de la méfiance et une perte de crédibilité qui risquent de provoquer passivité ou agressivité, donc démotivation ;
- une mauvaise ambiance de travail qui risque de ralentir la réalisation des tâches ou ne pas porter tous les fruits de synergies éventuelles…

Conseils pour les personnes ayant un profil manipulateur

- Clarifiez vos propos : exprimez et assumez vos sentiments, vos opinions, vos avis, vos besoins, vos objectifs sans impliquer les autres ; posez vos questions directement, répondez sans détour avec concision.
- Établissez la confiance avec vos interlocuteurs, que vous n'aborderez plus avec méfiance, en passant des accords avec ceux que vous respecterez.

Fiche 53 ÉTABLIR LA TYPOLOGIE DES INDICATEURS

Un système d'indicateurs est nécessaire pour décrire les différents résultats en termes de performance et de pilotage. Il se doit d'être exhaustif (couvrant tous les axes que l'on cherche à mesurer) et cohérent (complémentarité des indicateurs), tout en restant synthétique (un petit nombre par activité).

La mise sous contrôle d'une activité

Mettre sous contrôle une activité consiste à vérifier, si l'on est sur la bonne trajectoire pour atteindre les objectifs (l'activité est-elle performante ?) et si le plan d'action associé se déroule comme prévu (l'activité est-elle pilotée ?). On distingue :

- les indicateurs de performance qui traduisent la réalisation de la mission de l'unité et permettent de rendre compte à la hiérarchie ;
- les indicateurs de pilotage qui suivent les conditions de réalisation d'une action, indiquant là où il faut agir pour que la performance soit atteinte ;
- les indicateurs d'éclairage qui portent sur des phénomènes externes à l'unité, qui ont ou auront une influence sur l'activité de l'unité (portefeuille de commandes, concurrence, environnement…) ; à la différence des indicateurs de pilotage, le responsable n'a pas de levier d'action sur ces indicateurs.

Exemple :

Le service achat

Indicateur de performance	Coût d'achat matières réel/standard
Indicateurs de pilotage	Notation fournisseurs
Indicateur d'éclairage	Cours du titane sur le marché

Le système d'indicateurs

On peut classer les indicateurs selon les axes suivants :

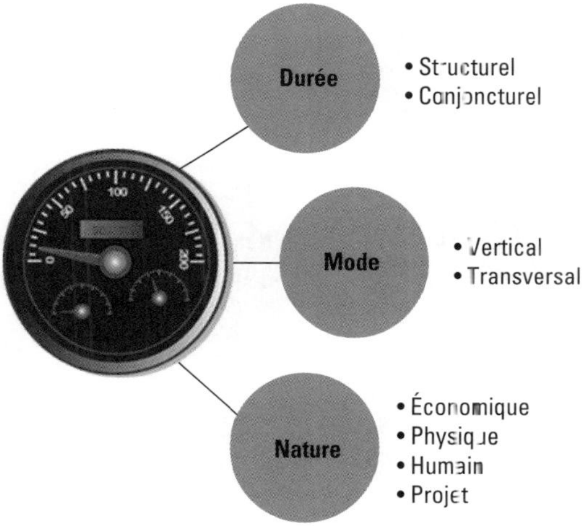

La durée de vie du phénomène

- Les indicateurs structurels s'inscrivent dans la permanence des missions, des activités, de l'environnement.
- Les indicateurs conjoncturels sont liés à un projet, un plan de progrès, un phénomène ponctuel.

Le mode d'élaboration

- Les indicateurs verticaux (ou hiérarchiques) déploient les objectifs généraux de l'entreprise au travers de la structure.
- Les indicateurs de processus prennent en compte la dimension transversale de la performance de l'entreprise (par exemple la facturation) et gèrent les relations inter-fonctionnelles.

La nature des indicateurs

- Les indicateurs économiques se rapportent aux coûts, aux produits et aux résultats.
- Les indicateurs physiques traduisant physiquement l'activité permettent d'apprécier les phénomènes avant que ceux-ci ne soient valorisés

financièrement, avec retard (par exemple, offres émises → commandes → chiffre d'affaires).

- Les indicateurs humains (effectif, absentéisme…).
- Les indicateurs de suivi de projets.

Conseils

- Choisir des indicateurs de décision qui répondent aux besoins de responsables opérationnels.
- Avoir une définition précise et commune des indicateurs (cf. fiche 17).
- Adapter le système d'indicateurs aux nouvelles orientations stratégiques et aux nouveaux projets.

Fiche 54 SAVOIR DÉFINIR LES INDICATEURS

Les indicateurs de performance mesurent la réalisation sur chacun des points clés de performance afin de s'assurer qu'on est en chemin pour atteindre les objectifs. Les indicateurs de pilotage mesurent l'avancement du plan d'action (activités/ressources) élaboré pour les atteindre.

DÉFINIR LES INDICATEURS DE PERFORMANCE

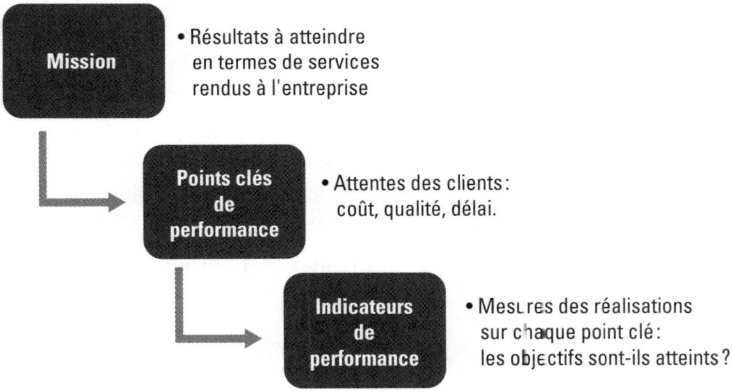

La mission fait ressortir ce qui est central et prioritaire dans le poste. Elle décrit la clientèle servie, les prestations ou produits réalisés et les modalités qui donneront la dimension qualitative. Les points clés correspondent aux points critiques de la mission pour lesquels il est essentiel que les résultats soient conformes aux attentes des clients et sur lesquels le responsable de l'unité a les moyens d'agir. Par exemple, pour un responsable achat-approvisionnement :

MISSION	POINTS CLÉS DE PERFORMANCE
Assurer l'approvisionnement de l'unité de fabrication dans les meilleures conditions de coût, de qualité et de délai.	Qualité du service (délai). Qualité de la matière première. Coût de la matière première. Coût du service approvisionnement. Coût du stock.

Définir les indicateurs de pilotage

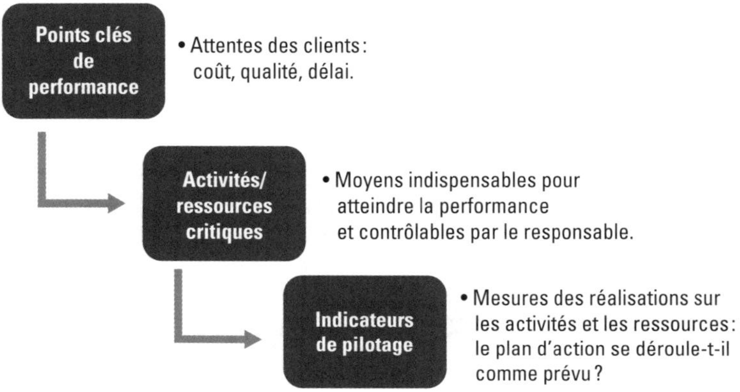

Pour pouvoir réaliser sa mission, le responsable d'une unité réalise un certain nombre d'activités liées à son savoir-faire. Par exemple, pour un responsable logistique, il s'agit de préparer les commandes, de réserver les transporteurs… Les ressources sont essentiellement composées de moyens humains (aspects quantitatifs et qualitatifs), matériels (techniques et logistiques), financiers (souvent matérialisés par une enveloppe budgétaire).

La recherche et la mise en place des indicateurs de pilotage relève d'une analyse cause-effet.

Exemple pour un responsable logistique :

RÉSULTAT	LIVRER LES COMMANDES DANS LES DÉLAIS PRÉVUS
Activité	Expédier les commandes dans les délais impartis.
Ressource	Recevoir un bon de commande conforme.

Formuler les indicateurs

Un même point clé peut être mesuré de plusieurs manières (absentéisme ou grève pour le climat social) ; de même, traduire un point clé peut nécessiter plusieurs paramètres (efficience par rapport aux coûts de fonctionnement). On retient un seul paramètre de mesure par point clé et on le traduit sous forme chiffrée. Plusieurs indicateurs peuvent être tirés du même paramètre : rotation des stocks, nombre de jours de stocks, niveau des stocks… La formulation des indicateurs de pilotage est identique.

Les critères de sélection à retenir sont :

- la compréhension de l'indicateur par les personnes ;
- la lisibilité et l'interprétation des résultats ;
- l'existence de l'indicateur dans la base de données de l'entreprise ;
- son coût d'obtention s'il n'est pas actuellement dans la base de données ;
- la fiabilité de la source des informations de base.

Exemple d'indicateurs pour un objectif de « niveau de service aux clients » dans une unité industrielle

Objectifs et indicateurs de performance

Délai de livraison.
Respect du délai de livraison.
Qualité des pièces livrées.
Délai moyen de livraison.
Nombre et taux de livraison en retard ou incomplètes.
Unités retournées pour mauvaise qualité.

Plan d'action et indicateurs de pilotage

Précision des prévisions.
Respect des programmes de fabrication.
Réduction des temps morts.
Qualité des pièces produites.
Écart prévu/réalisé.
Nombre de fabrications exceptionnelles.
Efficience du cycle.
Nombre et pourcentage de fournisseurs en assurance qualité.

Conseils

- Commencer par définir les indicateurs de performance.
- Valider les liens de cause-effet.
- Cibler les priorités (points clés, activités/ressources critiques) afin d'éviter une surinformation dans le tableau de bord.

[redacted] COMMUNIQUER EN PHASE DE CHANGEMENT

Aujourd'hui les entreprises changent régulièrement de structure, d'organisation, de façon à montrer leur dynamisme, leur capacité d'adaptation et à être orientées de plus en plus vers les attentes de leurs clients. En interne, les collaborateurs sont parfois en souffrance. Ils ne comprennent pas toujours pourquoi leur entreprise change et ils ont peur. Ces freins humains sont à prendre en considération et il faut organiser la communication tout au long du projet de changement.

Trois espaces de communication doivent être utilisés :

- **Le théâtre** : c'est un espace où un collectif communique avec un groupe en « représentation » – le mode de relation est fondé sur l'émotion et la découverte du sens des choses.
- **L'agora** : c'est le lieu où les personnes se retrouvent pour échanger en petits groupes, parfois autour d'un leader d'opinion – le mode de relation est fondé sur la rationalisation et la confrontation des idées.
- **Le réseau** : c'est un espace d'échange d'informations relatives au traitement des besoins quotidiens – le mode de relation est fondé sur l'accès à l'information, la résolution de problème et l'action.

Une bonne communication combine ces trois espaces en fonction de leur finalité :

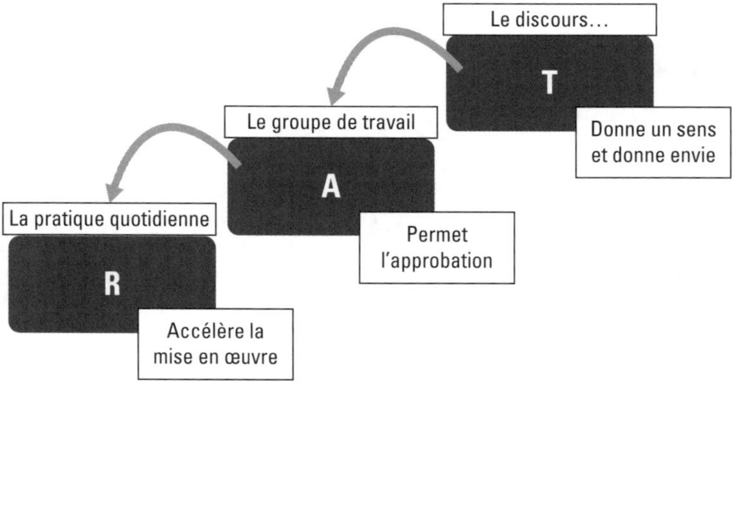

La juste combinaison de ces trois espaces assure une communication pertinente dans le cadre du changement. La direction se doit d'organiser des événements qui vont faire l'objet d'une présentation (le théâtre). Le contrôleur de gestion peut faire des présentations en petits groupes (l'agora) afin de présenter l'aspect budgétaire lié au changement, si toutefois la direction lui a demandé de le faire. Quant au réseau, tout collaborateur peut en être à la fois l'instigateur et l'utilisateur.

L'accompagnement du changement s'articule en trois phases :

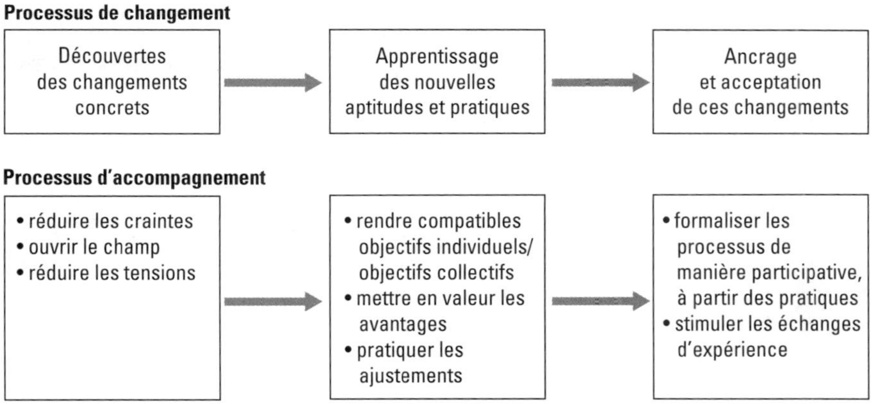

Il y a trois causes possibles à la résistance au changement :

- la perte d'identité (habitudes, peur de l'inconnu) ;
- la perte du pouvoir (ascendant, influence, maîtrise) ;
- la perte de la compétence (nostalgie du passé, insécurité, dévalorisation).

On n'intervient pas sur le comportement mais sur son origine :

- la perte d'identité (faire voir, montrer le sens, « installer » dans un nouveau système) ;
- la perte du pouvoir (donner l'initiative, orienter vers l'action et les résultats) ;
- la perte de la compétence (rechercher les aspects inutilisés des potentiels, valoriser les capacités plus que leurs manifestations, accompagner le déplacement des représentations).

Conseils

- Préparer la communication en amont.
- Ne pas négliger le bon usage du réseau.

Éviter les pièges les plus courants

Une communication peu claire et des objectifs inexprimés.

Fiche 56 S'ADAPTER AUX INTERLOCUTEURS DU CHANGEMENT

Il existe un paradoxe dans le cadre de la gestion d'un projet de changement : les trois quarts d'un projet reposent sur les aspects humains ; or le suivi d'un projet s'opère sur les éléments techniques. Il est pertinent de disposer d'un tableau de bord pour suivre les éléments humains dans le cadre d'un projet. Il s'agit du groupe réel d'influence et de décision (GRID).

Le GRID comporte cinq colonnes :

INTERVENANTS	POIDS DANS LA DÉCISION	MOTIVATIONS (SONCAS)	ATTITUDE FACE AU CHANGEMENT	ACTIONS À MENER

La première colonne précise quels sont les intervenants dans le cadre du projet. Le plus souvent, on trouve tout ou partie du comité de direction, des intervenants externes (consultants dédiés au projet), le chef de projet, l'équipe projet composée de représentants des différents services impactés par le projet.

La deuxième colonne permet d'apprécier le poids dans les décisions du projet. Le chef de projet va positionner au démarrage du projet le poids que devrait avoir chacun des types d'intervenants :

- Le comité de direction doit avoir un poids que l'on pourrait exprimer de la façon suivante : ++.

- Les consultants externes ne doivent pas avoir de poids dans les décisions.
- Le chef de projet doit avoir le poids le plus important : +++.
- L'équipe projet doit avoir un poids presqu'aussi important que le chef de projet : +++.

Parfois lors du déroulé du projet il s'avère que la tendance est plutôt de voir le comité de direction et les consultants externes prendre les décisions. Si tel est le cas, le chef de projet peut présenter le GRID avec les points présentés lors du démarrage et le constat en cours de projet. Utiliser le GRID permet alors de faire passer des messages sur les dérives observées quant au poids de chaque intervenant dans les décisions.

La troisième colonne permet de formaliser les besoins et les motivations de chacun des types d'intervenants, afin d'adapter les messages passés à chacun.

Sécurité	L'outil de gestion permettra de préciser les responsabilités de chacun.
Orgueil	L'outil mettra en avant les succès.
Nouveauté	L'outil fournira des fonctionnalités nouvelles.
Confort	L'outil donnera des informations de manière automatisée.
Argent	L'outil permettra de respecter les budgets.
Sympathie	Un précédent projet a permis de travailler avec l'interlocuteur et la collaboration s'est bien passée.

La quatrième colonne fait le point sur l'attitude des différents intervenants face au changement : y sont-ils favorables ou défavorables ? Le succès du projet repose sur l'engagement impératif du comité de direction et du chef de projet et donc sur le fait qu'ils soient favorables au changement. Au démarrage du projet, tous les membres de l'équipe projet doivent aussi être favorables au changement. Lors de l'avancement, on peut admettre que certaines étapes se traduisent par une moindre adhésion au projet mais il appartient au chef de projet de rester vigilant, de sensibiliser le comité de direction et de mettre en œuvre la communication qui relancera l'adhésion au changement.

La cinquième colonne définit les actions à mener et donnera lieu à la formalisation du plan d'action tel que décrit ci-dessous :

Plan d'action

ACTIONS	RESPONSABLE	DATES	MOYENS NÉCESSAIRES	RÉSULTATS ATTENDUS	POINTS DE CONTRÔLE

Conseils

Bâtir le GRID lors du démarrage du projet et le mettre à jour à chaque phase où apparaît un écart par rapport à la situation prévue initialement.

Éviter les pièges les plus courants

- Ne pas mettre à jour le GRID.
- Présenter le GRID selon une périodicité non adaptée : mensuelle et non en fonction des étapes du projet.

Fiche 57 SE CRÉER UN RÉSEAU

Les organisations se globalisent, se délocalisent, s'externalisent. Les marchés évoluent très vite, ils sont concurrentiels. Les collaborateurs sont à distance (géographique et culturelle). Dans cet environnement complexe, le contrôleur de gestion a besoin de davantage d'informations et de contacts, pour réagir vite, convaincre de la valeur d'une solution, faire avancer un dossier ou réussir à atteindre les objectifs de l'entreprise. Constituer un réseau permet d'être à la pointe de l'information, d'échanger sur des pratiques professionnelles, d'être au courant d'opportunités et de se rendre visible.

FAIRE LE POINT SUR SON RÉSEAU

Organisation

- Décideurs à enjeux : ceux qui peuvent débloquer les situations pour vous, décider à haut niveau, ceux sur lesquels vous pouvez parier.
- Contacts organisationnels : ceux qui peuvent vous aider à accomplir votre mission tout au long de cette dernière.

Personnel

- Alliés : ceux qui peuvent personnellement vous aider, qui vous soutiennent moralement, qui vous donnent des avis sincères et non biaisés.
- Contacts personnels : ceux qui peuvent vous aider à vous développer dans votre travail et dans votre carrière, en interne comme en externe.

Commencez par évaluer l'ampleur de vos relations en cartographiant votre réseau de partenaires.

Ce bilan peut vous conduire à constater que vous possédez déjà de nombreux contacts. Toutefois, si l'état de vos relations ne vous suffit pas, vous pouvez élargir votre réseau.

Déterminer une stratégie de réseautage

Choisir un réseau, c'est d'abord clarifier ses objectifs. Définissez ceux que vous souhaitez atteindre avec votre réseau :

- obtenir des informations sur un secteur d'activité ou un métier ;
- avoir des informations sur un partenaire auquel aller vous adresser ;
- contacter un expert pour avoir des conseils ;
- partager des expériences professionnelles et des bonnes pratiques ;
- en savoir plus sur la vie de l'entreprise ;
- contourner les blocages internes ;
- anticiper les changements et identifier les tendances ;
- autre.

Reste à sélectionner le réseau qui peut vous aider à les atteindre.

Identifier le bon réseau auquel appartenir

Le réseau doit être mis au pluriel : on n'a pas un, mais des réseaux, qui le plus souvent s'entrecroisent et se superposent.

Le réseau formel renvoie à une organisation fonctionnant dans un cadre juridique défini. Il est constitué de personnes poursuivant un objectif commun, comme réaliser des activités ou atteindre un résultat partagé. On trouve les chambres de commerce, les syndicats professionnels, les associations d'anciens, les clubs de femmes, les communautés virtuelles, les forums de discussion… Il est recommandé, de privilégier les groupes qui comptent peu de représentants de votre profession ou de votre niveau hiérarchique et de se faire introduire par un membre du réseau.

Le réseau informel est fondé sur les affinités, des liens communs, des rapports d'estime mutuelle, voire d'amitié. Vous pourrez utiliser ce réseau lorsque vous aurez besoin de soutien pour faire avancer vos idées, vos projets, ou obtenir de l'information. Inversement, vous aurez à cœur de répondre présent à toute sollicitation de ce réseau (renvoyer l'ascenseur).

Créer des liens et un réseau solide

Multipliez les occasions de rencontre. Votre objectif consiste à mieux connaître vos contacts et à mieux vous faire connaître d'eux. Il ne s'agit pas de vous mettre perpétuellement en avant, mais au contraire de vous intéresser aux personnes que vous rencontrez.

Poser des questions présente l'avantage de maîtriser la conversation, permet d'engranger des informations inattendues et de détecter des affinités. Privilégiez des questions ouvertes (fiche 21), que vous aurez préparées dans un premier temps. Elles permettent aux personnes de partager leurs visions et leurs opinions. Soyez à l'écoute des réponses pour poursuivre l'échange en posant d'autres questions ouvertes non préparées et ainsi collecter plus d'informations.

Portez attention à la personne qui répond. Plus vous l'écoutez activement (cf. fiche 22), plus vous l'encouragez à développer sa réponse, et plus vous apprenez de votre interlocuteur, avec les mots qu'il prononce, mais également au travers de son langage paraverbal et non verbal. Répondez aux questions de votre interlocuteur de façon à satisfaire sa curiosité, mais sans trop en dire et en ayant le souci d'équilibrer les échanges.

Conseils

- Toujours rendre service avant de chercher à obtenir quelque chose.
- Maintenir le lien et se tenir au courant de ce qui se passe dans son réseau.
- Être attentif à son e-réputation.
- Privilégier les rencontres réelles plutôt que virtuelles.
- Inutile d'être sur un réseau si vous ne pouvez y participer régulièrement.

Fiche 58 COMPRENDRE LES LOIS DE LA PÉDAGOGIE

Il appartient au contrôleur de gestion de former les opérationnels aux procédures de gestion et aux outils de pilotage et de s'assurer de leur appropriation. Développer la culture de gestion nécessite de faire œuvre de pédagogie. En effet, notre mémoire ne fonctionne pas de façon linéaire. Elle opère par liaisons, à partir de points d'ancrage, sur lesquels des structures mentales peuvent se créer et se densifier.

LES CINQ LOIS DE LA PÉDAGOGIE

1. J'apprends d'autant mieux, que j'ai pu classer, organiser, structurer mes connaissances

Prendre de l'information pour apprendre exige un engagement actif, un effort simultané de perception et de compréhension. La prise d'information sollicite la mémoire à court terme. La mémorisation de longue durée implique :

- la compréhension de cette information et la capacité de faire des liens entre cette information et celles que l'on avait déjà en mémoire ;
- une récurrence de l'information, dans des contextes variés

2. Dire n'est pas former

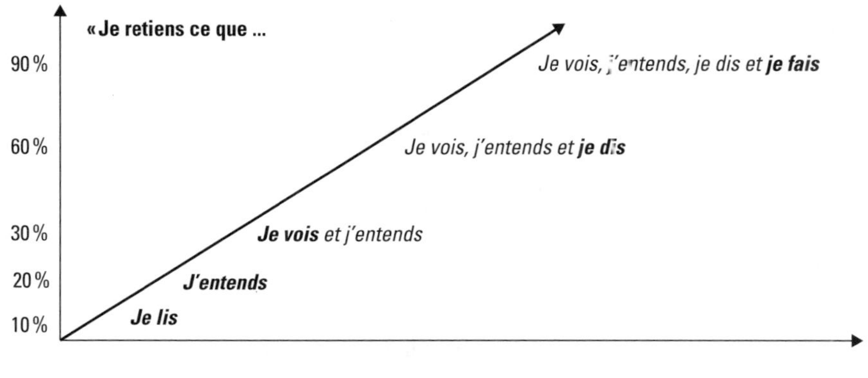

3. J'apprends plus vite et plus facilement dans un domaine que je connais, que dans un domaine que je découvre

Comprendre, c'est donner du sens : être capable de formuler la connaissance acquise dans ses propres mots. Pour comprendre, il est nécessaire de faire du lien entre la nouvelle connaissance et les connaissances antérieures. Comprendre, c'est aussi construire une représentation, c'est-à-dire élaborer une interprétation qui soit compatible à la fois, avec les données de la situation rencontrée, avec l'action à réaliser et avec les connaissances qui sont en mémoire.

4. La répétition est nécessaire

La première fois, j'entends puis j'oublie ; la deuxième fois, j'écoute et puis j'oublie ; la troisième fois, je comprends et je retiens.

5. J'apprends parce que j'ai envie d'apprendre

Il n'y a pas d'apprentissage sans projet, et celui-ci doit couvrir toutes les étapes : attention, compréhension, restitution (montrer ce que l'on a compris) ou transfert (appliquer ce que l'on a compris). Chercher les leviers motivationnels pour amener le plus possible de salariés dans une posture d'apprentissage, c'est rechercher ce qui peut faire sens pour chacun et, surtout, laisser à chacun la possibilité de trouver son propre sens à la démarche de formation.

Conséquences pour développer la culture financière

Créer ou multiplier les points d'ancrage

Avant le début effectif de l'étude d'un sujet, faites le tour de ce que les participants savent déjà sur le sujet. Familiarisez-les avec les notions en racontant une histoire, en montrant un film… Favorisez les paramètres imagés et émotionnels, pour qu'ils mémorisent mieux. Utilisez une grande variété de visuels, de cartes mentales (couleurs, symboles, liaisons, permettent de visualiser une représentation globale des idées et données relatives au thème central).

Rappeler ce qui a été appris

- Répéter après 10 minutes.
- Répéter après 48 heures.
- Répéter après 1 semaine.

… en variant les modalités pour ne pas devenir ennuyeux.

Proposez une approche globale de l'information autant qu'une approche analytique. Variez les approches afin de permettre à chaque participant de mettre en œuvre sa stratégie préférentielle d'apprentissage et aussi de développer sa capacité à mobiliser différentes stratégies.

Segmenter l'information

Divisez ce qu'il faut apprendre en groupes suffisamment petits en fonction de la capacité des apprenants.

Découper le temps d'apprentissage en périodes suffisamment courtes

On se souvient mieux du début et de la fin d'une formation, d'une réunion, d'un message... : multipliez les « débuts » et les « fins » en découpant les séquences.

Faire des pauses courtes et fréquentes

Cela permet aux participants de bouger, de libérer leur créativité... et de se déconnecter du sujet étudié.

Conseils

Pour favoriser la mémorisation à long terme :

- Fournir l'information fréquemment dans un contexte riche et varié.
- La présenter dans un contexte émotionnel fort.
- Favoriser la détente des participants.
- Proposer des images mentales de la situation.

Fiche 59 UTILISER DES OUTILS PÉDAGOGIQUES

Le contrôleur de gestion doit développer la culture de gestion dans l'entreprise. Pour cela, il doit animer des réunions, des groupes de travail et faire des présentations afin de donner des clés de lecture et de compréhension sur les documents financiers et des indicateurs de la performance économique. Pour cela, il doit faire preuve de pédagogie.

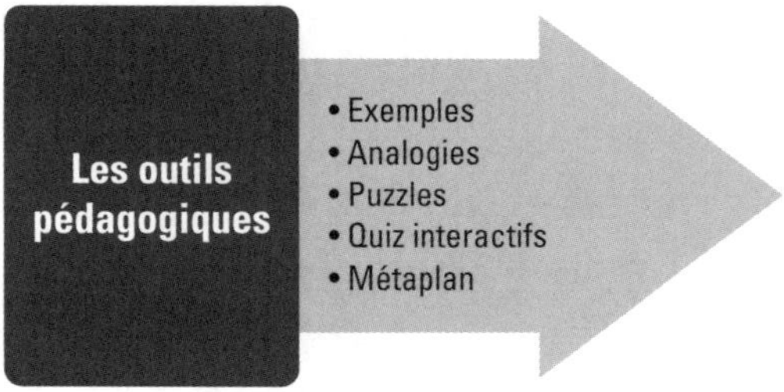

Les exemples

Utiliser des exemples permet à la fois d'illustrer et de rendre vivante une présentation. C'est aussi une façon pertinente de renforcer des arguments, d'expliquer des chiffres.

Les analogies

Leur utilisation peut permettre de lever des freins, de faciliter la compréhension de certains points techniques. Par exemple faire des analogies avec la vie personnelle permet de faire la distinction entre le contenu du bilan (les biens, ce que l'on possède, les dettes et financements, ce que l'on doit) et celui du compte de résultat (produits et charges). C'est une manière pertinente d'introduire la différence entre ces deux documents financiers. Le bilan peut aussi être comparé à une photo et le compte de résultat à un film.

Les puzzles

Le contrôleur de gestion peut aussi utiliser le puzzle qui correspond soit à un support de présentation, voire de travail, soit à un mode d'animation de réunions.

- **Le puzzle comme support de présentation ou de travail** : pour présenter à des opérationnels les grandes phases de la construction du budget, préparer des pièces reprenant les phases de la construction, les acteurs, les supports, les livrables est une manière ludique et participative de présenter le processus d'élaboration budgétaire.
- **Le puzzle comme méthode d'animation** : le puzzle consiste à scinder les participants à une réunion de travail en sous-groupes. Par exemple, pour travailler sur une procédure d'achat, le contrôleur de gestion pourra organiser trois sous-groupes : l'un travaillera sur le périmètre de la procédure, l'autre sur les étapes et enfin le troisième sur les documents et les informations à donner. Chaque sous-groupe prendra connaissance des éléments correspondant au point qu'il doit étudier, en fera une synthèse ensuite aux deux autres sous-groupes et pourra éventuellement faire des propositions d'amélioration si le but était de recueillir leur avis sur la procédure.

Quiz interactifs

Ils peuvent être utilisés pour faire le point sur les connaissances techniques des opérationnels ou pour présenter des chiffres. L'aspect ludique peut être renforcé par l'utilisation de cartons de couleurs correspondant aux couleurs des réponses proposées dans un questionnaire à choix multiples. Les quiz présentent aussi l'avantage de pouvoir être utilisés même lorsqu'il y a beaucoup de participants à une réunion.

Le métaplan

Il s'agit de distribuer aux participants des gommettes de couleurs ou des post-it pour recueillir des informations, des avis, rechercher des solutions, régler un différend entre deux services, etc. C'est une méthode d'animation confortable et qui permet d'avoir une réunion très participative (même les plus timides osent s'exprimer par écrit !) et visuelle (tout le monde voit le résultat).

!!! Éviter les pièges les plus courants

Faire une utilisation abusive du métaplan

Fiche 60 ANCRER LA CULTURE DE GESTION

Le contrôleur de gestion a un rôle de *business partner* dans le cadre duquel il doit, entre autres points, développer et ancrer la culture de gestion auprès des opérationnels. Il s'agit dans un premier temps de donner aux opérationnels des clés de lecture sur les documents financiers afin qu'ils comprennent les informations présentées et les indicateurs utilisés dans la communication financière interne et externe de l'entreprise. Dans un second temps, il faut leur permettre de prendre conscience de leur contribution à la performance économique de l'entreprise, et de faire le lien entre leurs actions et leurs décisions de gestion et leur impact dans les documents financiers.

Le contrôleur de gestion peut utiliser un visuel pédagogique qui permet de formaliser les axes de la création de valeur : l'arbre de création de valeur.

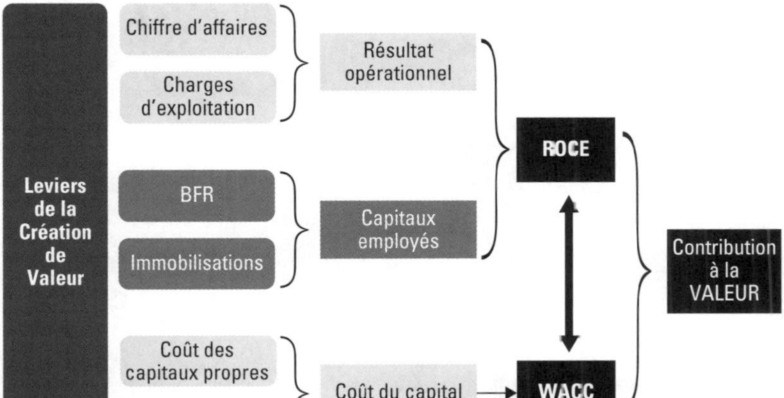

Créer de la valeur, c'est faire en sorte que le ROCE soit supérieur au WACC.

Le ROCE correspond au RO/CE : le RO est le résultat opérationnel et le CE correspond à la notion de capitaux employés (somme des immobilisations et du besoin en fonds de roulement – BFR). Le BFR est calculé à partir d'éléments du bilan : actif courant – passif courant.

Le WACC est le *weighted average cost of capital*, le « coût moyen pondéré des capitaux » calculé à partir du coût des capitaux propres et du coût de la dette. Le coût des capitaux propres est le taux de rendement du capital investi = résultat net/capitaux propres. Le coût de la dette correspond au taux d'intérêt.

L'arbre de création de valeur se lit de la droite vers la gauche et aboutit aux leviers de la création de valeur :

- Les leviers financiers sont gérés par la direction financière avec le coût de capital et le coût de la dette.
- Les leviers opérationnels sont gérés par les opérationnels et sont scindés en deux axes majeurs détaillés dans le schéma ci-dessous qui donne des exemples d'actions de gestion concrètes ayant une incidence sur la création de valeur.

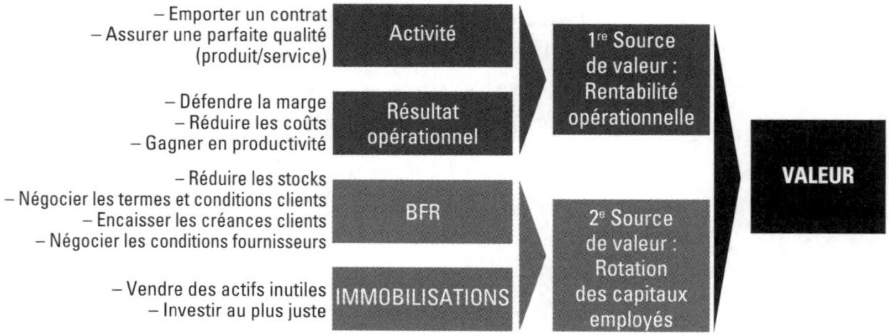

Leviers de la génération de valeur

Chaque collaborateur contribue, à son niveau, à la génération de valeur.

Conseils

- Adapter l'arbre de création de valeur au secteur d'activité et utiliser les termes de l'entreprise.
- Communiquer auprès des opérationnels les leviers sur lesquels ils peuvent agir.

Éviter les pièges les plus courants

- Trop de texte.
- Trop d'informations.
- Uniquement des tableaux.

Fiche 61 DIFFUSER AU TRAVERS DE L'INTRANET

La mise à disposition d'informations *via* l'intranet peut être un moyen efficace de diffuser de l'information pertinente à toutes les entités sans perdre trop de temps.

Ce temps gagné en production et en diffusion permet au contrôleur de gestion de disposer de plus de temps pour remplir son rôle de *business partner* d'analyse ou d'aide à la décision (cf. fiche 21).

L'INTRANET : UN OUTIL SÉCURISÉ POUR DIFFUSER DE L'INFORMATION PERTINENTE

L'intranet bénéficie en effet de tout le système de sécurité informatique qui gère les profils des utilisateurs. Il sera donc possible de gérer les accès à l'information de chaque personne en fonction de son périmètre d'action.

La mise à disposition du *reporting* sur l'intranet peut être plus ou moins interactive en fonction des systèmes utilisés et laissera donc aux opérationnels plus ou moins d'autonomie dans l'analyse :

- Le minimum est de donner une information synthétique sous la forme d'un tableau de bord contenant les principaux indicateurs et graphes, qui reprennent les objectifs ou les budgets des entités et suivent leurs principaux plans d'action (chacun ayant accès par le biais d'une requête à ses propres données).
- Cet outil synthétique peut ensuite être interrogé par l'opérationnel directement par un système de navigation, souvent appelé *drill down*, qui lui permet de visualiser les éléments primaires composant l'indicateur, voire même de remonter au détail des opérations qui le constituent.

Comme les opérationnels et les contrôleurs de gestion utilisent souvent des données qui proviennent de différents systèmes d'information, les directions informatiques participent au processus de construction de ce reporting automatisé en construisant une couche intermédiaire. C'est ce qu'on appelle le datawarehouse ou « base de données » qui centralise les données nécessaires issues des différents systèmes de gestion, en évitant les redondances et en garantissant l'exhaustivité des données.

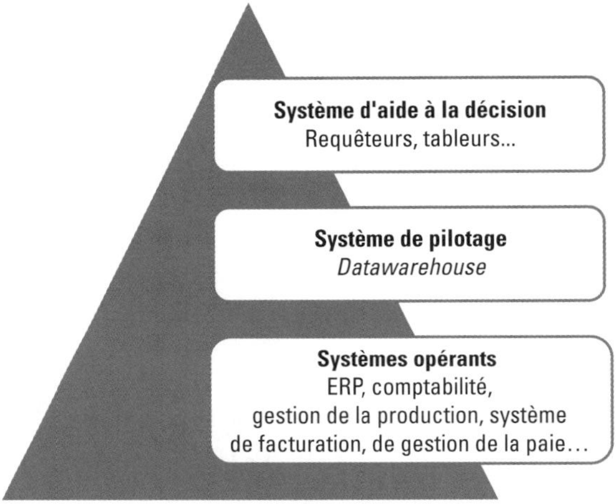

Les bonnes pratiques pour diffuser de l'information *via* l'intranet

Le but de ces bonnes pratiques est d'éviter de construire une usine à gaz qui ne sera jamais utilisée par les opérationnels.

Pour garantir l'accessibilité et le bon usage des utilisateurs, il s'agit de prendre quelques précautions au début du projet mais aussi durant sa période d'utilisation. Il s'agit de les impliquer pour :

- **Recenser leurs besoins** en matière de gestion et d'indicateurs (cf. fiche 54). Ces besoins peuvent évoluer dans le temps car la stratégie évolue. Le système doit être suffisamment souple pour faire remonter des indicateurs différents.
- **Coller à leurs périmètres** qui peuvent évoluer avec l'organigramme. Dans ce cas, le besoin des utilisateurs est d'avoir des données de comparaisons pertinentes qu'elles soient budgétaires ou historiques… Il faut donc que le système soit capable de retraiter les données au nouveau format.
- **Disposer d'une information « accessible et compréhensible »** pour eux :
  – On évitera le jargon trop financier ou les codes informatiques sibyllins.

– Le glossaire des indicateurs devra être intelligible (cf. fiche 17).
– Les chefs de projets doivent être capables de suivre les coûts de leur projet sur plusieurs exercices si besoin.

- **Disposer d'une information régulièrement mise à jour** : quotidiennement, hebdomadairement ou mensuellement. Les utilisateurs doivent savoir sur quelles données ils travaillent et quand les dernières données sont disponibles. Un calendrier prédéfini et suivi permet d'ôter tout doute.

Pour éviter l'usine à gaz ingérable, il faudra cependant rationaliser l'information :

- simplifier les structures des centres de profit,
- regrouper les comptes,
- avoir des indicateurs cohérents d'un responsable à l'autre, autant d'un point de vue fonctionnel que hiérarchique, afin de faciliter les *benchmarks* et les discussions en réunion.
- garantir la fiabilité des données en testant le système au démarrage mais également ensuite régulièrement (à chaque changement d'année, d'organigramme, à chaque évolution des systèmes d'information…).

Conseils

- La diffusion de l'information *via* l'intranet ne doit pas couper la communication interpersonnelle. Elle vise d'ailleurs à lui laisser plus d'espace pour **établir une relation de *business partner* plus qualitative.** Au contrôleur de gestion de prévoir des points réguliers avec les opérationnels pour ne pas se couper de la réalité du terrain et continuer à échanger sur l'analyse des résultats (cf. fiche 28).
- La mise en place d'un système de reporting plus automatisé et décentralisé nécessite également un **accompagnement au changement** des opérationnels (cf. fiche 55).

Fiche 62 ANIMER UNE PLATEFORME COLLABORATIVE

L'intranet servait, dans sa conception originelle, à mettre à disposition des usagers de l'information, consultable ponctuellement par ceux qui le voulaient au moment où ils le désiraient. Il continue d'être utilisé pour la diffusion du reporting par exemple (cf. fiche 1).

Cependant, le travail de chacun tend à évoluer. Une grande part de l'amélioration de la performance individuelle consiste à résoudre des problèmes avec agilité : ceci représente une des missions du contrôleur de gestion qui doit aider les opérationnels à trouver des solutions (cf. fiches 1 et 25). Pour y parvenir, on peut faire appel à ses connaissances ou à ses compétences... ou à celles des autres : c'est tout l'enjeu du travail collaboratif qui permet d'utiliser l'intelligence collective au service de tous.

L'éclatement géographique ou la taille des entreprises ne permet pas toujours l'organisation de réunions physiques. Le Web 2.0 donne des outils pour collaborer à distance en facilitant la publication et le partage.

L'intérêt de créer et d'animer une communauté de pairs

Créer une plateforme collaborative pour les contrôleurs de gestion ou pour le réseau d'opérationnels avec lequel on travaille permet à ces pairs de :

- trouver des conseils et des expériences ;
- travailler sur des réponses et des solutions déjà trouvées par d'autres ou à élaborer ensemble ;
- partager des éléments techniques (procédures, glossaires) ;
- se former ;
- sortir de l'isolement ;
- montrer leur expertise ;
- développer leur réseau professionnel (cf. fiche 57).

Quelques outils pour animer la communauté

Voici une liste non exhaustive des outils les plus communément utilisés dans les plateformes collaboratives. Certains ont été développés pour l'entreprise après avoir connu un succès certain dans la sphère personnelle.

Annuaire enrichi mis à jour directement par les utilisateurs	• Coordonnées. • Domaines de compétences. • Expériences précédentes. • Appartenance à des réseaux.
Réseaux sociaux internes	• Gestion de profils. • Partage de contenus. • Commentaires, conversations instantanées. • Promotion de contenus (boutons "like"...).
Agendas partagés	• Aide à l'organisation de réunions. • Connaissance de la disponibilité d'interlocuteurs.
Forums	• Regroupement de discussions numériques par thème. • Échanges de bonnes pratiques. • Promotion de contenus (boutons like).
Partage de favoris *ou social bookmarking*	• Bibliothèque partagée de ressources Web. • Qualification des informations avec des mots clés pour les rendre accessibles par les moteurs de recherche.
Wikis ***enrichis directement par les utilisateurs***	• Référentiels métiers. • Données techniques. • Partage de pratiques. • Brainstorming, cadrage de projets, insertion d'ordres du jour ou de comptes rendus de réunions.
Blogs individuels ou collectifs	• Publication régulière d'articles. • Commentaires qui se transforment en discussions d'experts. • Engagement accru et mise en avant des talents individuels.

FAIRE VIVRE ET ANIMER LA PLATEFORME COLLABORATIVE

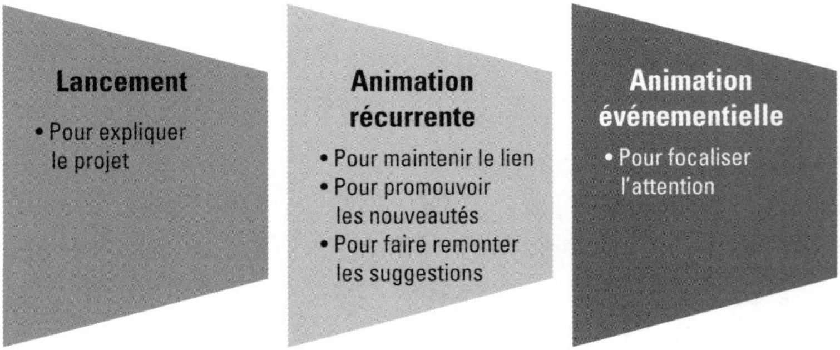

Communiquer pour lancer le projet

Souvent les promotions croisées entre les différents outils de communication internes permettent de promouvoir le nouvel outil : présentation lors d'un séminaire, mise en valeur des premiers contributeurs *via* le journal interne, l'appui d'un sponsor interne qui en parlera régulièrement lors des réunions… quelques *newsletters* plus rapprochées au moment du lancement…

Les *newsletters* et les plateformes de suggestions pour animer la communauté sur le long terme

La fréquence des *newsletters* doit être adaptée en fonction de l'actualité ou de l'urgence d'un sujet… Le but n'est pas d'encombrer les boîtes mails. On peut utiliser les bonnes pratiques de rédaction des e-mails (cf. fiche 41) avec un émetteur rassurant et identifié, un objet accrocheur, une phrase d'accroche et un ou quelques liens vers la plateforme.

La boîte à idées est maintenant devenue numérique et l'on peut également mettre en place un espace dédié pour remonter les idées d'amélioration de la part des collaborateurs.

Les événements pour focaliser l'attention

On peut également créer ou rebondir à des événements ponctuels : réagir à une actualité, organiser un *chat* avec le patron, qui pourra être accessible ensuite, organiser des jeux concours pour trouver le nom d'un nouvel outil, pour récompenser la meilleure idée d'amélioration, par exemple la performance, avec remise éventuelle de trophées.

Les acteurs de la plateforme collaborative

La proportion constatée entre les différents types d'acteurs se lit dans le graphe ci-dessous.

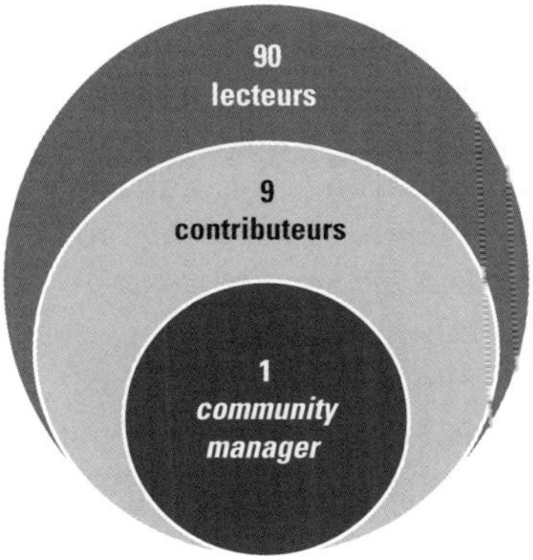

Le *community manager*

C'est lui l'animateur de la communauté : il publie régulièrement, lance des conversations sur les forums, fait le lien entre les différents contenus produits, modère les commentaires en réagissant aux publications des autres, incite à l'usage *via* des *newsletters*, intègre les nouveaux venus, définit le cadre des bonnes pratiques pour la participation des contributeurs...

Certains *community managers* assurent aussi le rôle d'administration de la plateforme (gestion des accès...) ou de *curator*, c'est-à-dire une mission de veille qui sélectionne, trie et diffuse une information ciblée de qualité en « taggant » l'information avec des mots-clés qui la qualifie pour la rendre facilement accessible par les moteurs de recherche.

Il est le garant de la gouvernance des outils : règles de gestion profilées, architecture de l'information, cohérence éditoriale et graphique, diffusion des bonnes pratiques, définition des procédures (qui met quoi à jour quand ?).

Conseils

Diversifier les médias utilisés avec des **vidéos courtes** qui sont maintenant faciles à réaliser pour filmer des micro-trottoirs, des entretiens, des témoignages...

Les contributeurs

Ils permettent de décentraliser la production du contenu : ils peuvent rédiger des articles, après un temps de formation nécessaire, ou seulement réagir par le biais de commentaires.

Plus proches du terrain, ils peuvent recueillir les informations à la source, faire des photos, partager leur expérience sur un sujet...

Leur problème principal peut être le manque de temps et leur contribution pourrait, en conséquence, être trop occasionnelle. Pour éviter cet écueil, leur contribution doit être approuvée par leur hiérarchie et ils doivent, comme tout réseau, être animés par le *community manager*...

Les lecteurs

Ils sont le cœur de cible de la plateforme collaborative qui doit être pensée pour eux. Ils en font partie et doivent s'approprier l'outil sous la houlette du *community manager* :

- en découvrant toutes les fonctionnalités de l'outil au début ;
- en enrichissant l'annuaire qui les présente ;
- en s'inscrivant à la newsletter ;
- en contribuant quand ils le jugent utile...

Le *community manager* doit s'assurer que les lecteurs trouvent sur la plateforme ce qui les intéresse. Il peut suivre des outils d'analyse de fréquentation pour repérer les thèmes les plus consultés ou veiller à renforcer la visibilité de certains autres peu courus, mais néanmoins importants. Sans outils automatiques de suivi, des enquêtes ou des sondages peuvent permettre occasionnellement de faire remonter l'information.

PRENDRE EN COMPTE LES DIFFÉRENCES INTERCULTURELLES

L'interculturalité est la rencontre de deux ou plusieurs cultures. Lorsque des personnes de cultures différentes interagissent, elles vont mettre en commun pour communiquer, des éléments culturels qui leur sont propres, tout comme certains qui leur sont communs, mais vont également faire appel à des apports culturels extérieurs. La prise en compte des différences culturelles permet d'éviter des erreurs de perception, d'interprétation ou de jugement, qui pourraient faire obstacle à la communication.

Le mode de pensée

Les événements de la vie sont régis par des règles que nous avons apprises et intégrées.

	DÉFINITION	IMPLICATION DANS L'UNIVERS PROFESSIONNEL	
Cultures inductives	Tirent leurs principes de la collecte des données. Modèles et hypothèses fondés sur l'observation empirique et l'expérimentation.	Amassent faits et statistiques. Les sentiments n'y jouent aucun rôle. Accent sur les conséquences et les résultats : capacité de l'individu à modifier le monde matériel. Croient aux méthodes et aux mesures.	Tendances anglo-saxonnes
Cultures déductives	Mettent l'accent sur la pensée abstraite des idées, théories et principes, qui peuvent en être tirés. Priorité au monde des idées et à la pensée symbolique.	Généralisations faites logiquement à partir des concepts plutôt que des faits. Confiance dans les théories plutôt que dans les données brutes, dans les pouvoirs de la pensée.	Tendances latines …/…

.../...

	DÉFINITION	IMPLICATION DANS L'UNIVERS PROFESSIONNEL	
Cultures systémiques	Mettent l'accent sur une démarche plus intégrée, parfois qualifiée de holiste ou synthétique.	Vision intégrée, centrée sur les relations. Accent sur l'unité entre les événements et les choses. S'appuient sur l'analogie, la métaphore, les comparaisons pour trouver des explications.	Tendances anglo-saxonnes
Cultures linéaires	Mettent l'accent sur l'analyse des événements et des concepts, et leur fractionnement en éléments pouvant être reliés par des liens de cause à effet et des chaînes logiques.	Dissocient les questions et les activités en composantes élémentaires. Mettent l'accent sur la précision. Orientation pragmatique.	Tendances latines

La référence au temps

Chaque culture a tendance à considérer que la structure, la perception et l'organisation du temps sont identiques partout.

Si certaines populations parlent, se déplacent, agissent très vite, d'autres effectuent les mêmes actes avec plus de lenteur. Il a été observé que la communication est plus aisée lorsqu'on se synchronise avec son interlocuteur.

L'exactitude n'a pas la même valeur suivant les pays. En Allemagne et en Suisse, l'exactitude se chiffre en minutes ; en France, au quart d'heure ; dans d'autres cultures, une attente supérieure à la demi-heure, voire à plusieurs jours est courante.

Certaines cultures attachent de l'importance au passé. C'est le cas en Extrême-Orient (Japon, Corée, Chine, Iran, Inde). Aux États-Unis, la pensée collective s'implique plus dans le présent et le futur proche. L'Amérique du Sud combine passé et présent. En France, la vie quotidienne est imprégnée d'un passé multi-centenaire.

En matière de culture internationale, Edward T. Hall distingue deux manières de traiter le temps.

	DÉFINITION	IMPLICATION DANS L'UNIVERS PROFESSIONNEL	QUI EST CONCERNÉ
Système monochronique	Ne faire qu'une seule chose à la fois. Chaque partie du temps est décomposée en autant de parties qu'il y a de tâches à effectuer.	Établir de façon précise un ordre du jour et s'y tenir. Ne pas interrompre les personnes dans leurs tâches, ni leur couper la parole.	Allemands Scandinaves Américains
Système polychronique	Simultanéité des activités. L'intérêt des interactions est plus fort que l'ordre du jour.	La relation personnelle est privilégiée. On admet les interruptions et les changements d'occupations.	Pays latins Japon Pourtour méditerranéen

Éviter les pièges les plus courants

- Sous-estimer les différences interculturelles
- Entendre au lieu d'écouter
- Ne pas tenir compte de la notion de temps
- Estimer que les autres cultures n'ont qu'à suivre notre règle du jeu
- Penser que cela prend trop de temps
- Adopter un style standard de communication

Fiche 64 ADAPTER SON STYLE DE COMMUNICATION À L'INTERNATIONAL

Selon Edward T. Hall, le contexte est l'ensemble des informations qui ont un lien avec le sujet en question. Suivant les circonstances, on peut faire plus ou moins appel au contexte. Mais le passage d'une relation faisant peu appel au contexte à une relation faisant beaucoup appel au contexte peut conduire à une situation tendue.

LE CONTEXTE COMME ÉLÉMENT DE COMMUNICATION INTERCULTURELLE

La communication s'inscrit dans un contexte qui peut aller de faible a élevé.

	CONTEXTE ÉLEVÉ	CONTEXTE FAIBLE
Qui est concerné	Asie/Afrique	USA/Allemagne/Scandinavie
Langues	Très imagées, idéogrammes	Précises, logiques
Compréhension	Par le contexte implicite : intuition, sous-entendus, ambiguïtés	Par les mots explicites : précisions logiques, transparence
Engagement	Oral : parole fait foi, poignée de main	Écrit : lois, procédures, modes d'emploi
Contact humain	Sens relationnel très fort, confiance	Sens relationnel faible, opportunismes
Étiquette	Très précise : échange de carte de visite, respect de l'âge	Simple : tutoiement
Prises de décision	Le chef a l'autorité : – monde des sages ; – beaucoup de niveaux hiérarchiques ; – relations pères/fils.	Le chef a le savoir : – pouvoir, monde d'experts ; – peu de niveaux hiérarchiques ; – relation d'égal à égal.

La communication s'exprime au travers de messages qui peuvent être explicites ou implicites.

Communication avec peu de référence au contexte

L'information doit être explicite : être clair et précis, avoir le souci du détail.

Classer l'information pour la fluidifier ; chiffrer, valoriser les informations ; enlever tout message superflu ou parasite.

Communication avec une forte référence au contexte

Faire circuler l'information ; maintenir un contact permanent avec son interlocuteur pour éviter la perte d'information.

Peu de risque de surcharge d'information ; pas d'ordre du jour ou dans les grandes lignes ; faire collaborer tous les acteurs.

Les autres éléments de la communication interculturelle

Suivant les cultures, nous passons d'une communication lente à une communication rapide. Il faut envoyer un message à la même vitesse que celle à laquelle est habitué le destinataire. Sinon, il sera mal perçu. La rapidité du message doit être liée à la vitesse avec laquelle la confiance s'instaure.

Un autre facteur dans la communication tient au mode de circulation des informations. On constate dans les cultures françaises et sud-américaines, que l'information circule dans une organisation de façon très fluide et sans interruption. En Allemagne, en Suisse et dans les pays du nord de l'Europe, la monochronie fait que la circulation est beaucoup plus lente.

Suivant les cultures la distance d'échange n'est pas la même. On sait que la distance d'échange sociale dans une culture arabe est très courte, et correspond à la distance intime pour un américain. Par ailleurs, il est de bon ton de commencer toute communication par des civilités d'usage qui dureront de quelques minutes aux États-Unis à quelques heures en Asie.

Conseils

- La communication interculturelle demande un effort de chacune des parties car la plupart des éléments culturels sont inconscients et passent souvent inaperçus.
- Se débarrasser de tout préjugé avant d'aller à la découverte de ce que l'on appelle les stéréotypes.
- Faire preuve d'empathie envers chaque interlocuteur.

Fiche 65 METTRE EN AVANT LA VALEUR AJOUTÉE DE LA FONCTION

Le contrôleur de gestion, copilote de l'opérationnel, agit souvent dans l'ombre de celui-ci. Dans certaines entreprises, il est parfois considéré comme le censeur des budgets et n'a pas toujours bonne presse.

Comment mieux vendre cette fonction pour ne pas seulement « savoir-faire » mais être capable de « faire savoir » la valeur ajoutée qui peut être apportée par le contrôleur de gestion, jusqu'à en devenir indispensable dans toute prise de décision ?

L'amélioration des compétences comportementales et de communication, que l'on peut travailler grâce à l'ensemble des fiches outils de ce recueil, est un premier atout indispensable pour établir des relations de qualité avec tous les services de l'entreprise. L'assertivité ou l'affirmation de soi est par exemple très utile (cf. fiche 52).

Pour développer le marketing de la fonction, voici quelques outils complémentaires.

LE SWOT DE LA FONCTION

Le SWOT (*strengths, weaknesses, opportunities and threats*), ou matrice EMOFF en français, est utilisé en stratégie comme un bon moyen de faire le point et de définir des éventuels axes d'amélioration pour augmenter la valeur ajoutée de la fonction ou sa visibilité.

Exemple

Forces	Faiblesses
• Fiabilité des informations fournies • Respect des délais. • Équipe motivée, compétente et disponible.	• Beaucoup de travaux faits manuellement et beaucoup de temps dédié à la production des chiffres. • Système de reporting sur Excel pas forcément sécurisé.

Opportunités	Menaces
• Nouvelle direction avec plus de préoccupation financière. • Acquisition ou développement de l'entreprise.	• Opérationnels peu disposés à ouvrir leur porte au contrôleur de gestion. • Difficultés financières de l'entreprise générant du stress ambiant avec de la tension sur les ressources à disposition.

Cette analyse doit se fonder sur des faits et peut être un point de départ d'une discussion avec sa hiérarchie au moment des entretiens annuels ou de la fixation des objectifs. De cette analyse, peut en effet se déduire une stratégie pour améliorer la valeur ajoutée de la fonction :

- Maintenir ou développer les forces : par exemple, anticiper le départ à la retraite du spécialiste des macros.
- Réduire l'impact des faiblesses : peut-être en décidant de basculer le reporting sur un progiciel du marché.
- Saisir des opportunités comme la mise en place d'une revue mensuelle avec les managers si la direction appuie la démarche.
- S'organiser pour prévenir les éventuels effets des risques s'ils venaient à se matérialiser : former les équipes opérationnelles aux fondamentaux de la gestion pour les rendre plus conscientes de leurs responsabilités.

Travailler la communication pour mettre en avant la valeur ajoutée de la fonction

Face à des personnes résistantes auxquelles vous pourriez proposer des services, il s'agit de préparer un message qui mette en valeur votre contribution éventuelle pour la lui vendre et, donc, la lui faire acheter (cf. fiche 34).

- **Accrocher** votre interlocuteur pour qu'il ait envie de vous écouter… Le meilleur moyen est de lui parler de lui et de ses besoins. Il se sentira reconnu et sera prêt à donner un peu de son temps.
- **Expliquer** votre proposition en montrant en quoi elle peut lui être utile.
- **Factualiser** avec des preuves qui crédibilisent le propos.

> *Exemple: « Le directeur du magasin m'a dit que vous aviez comme objectif cette année de réduire les stocks. J'ai travaillé sur une problématique similaire dans le magasin d'où je viens. Nous avons réduit les démarques inconnues de 20 % et amélioré du coup la fiabilité des stocks. Cela nous a permis de gagner 8 jours sans augmenter les ruptures. Je peux, si vous le souhaitez, partager cette expérience avec vous. »*

Impliquer l'environnement pour faire reconnaître la valeur ajoutée de la fonction

Le ***benchmark*** est un outil factuel pour comparer sa performance à celle des autres, trouver des sources d'amélioration possible de la valeur ajoutée de sa fonction. On peut le pratiquer sur la fonction du contrôle de gestion ou sur son périmètre de compétence pour évaluer la performance d'un service pour lequel on travaille. Différents types de *benchmark* existent :

- le ***benchmark* interne** facile à mettre en place dans les entreprises en réseau ou avec des unités de production similaires ou des services fonctionnels de différentes filiales ;
- le ***benchmark* concurrentiel** plus difficile à mettre en place mais possible par l'intermédiaire de cabinets de conseils ;
- le ***benchmark* analogique** sur des processus ou des fonctions qui permettent un champ d'innovation plus large mais avec un ciblage plus compliqué à obtenir. Les réseaux externes peuvent être de bons moyens d'identifier de possibles modèles (cf. fiche 57).

Le processus du *benchmark*

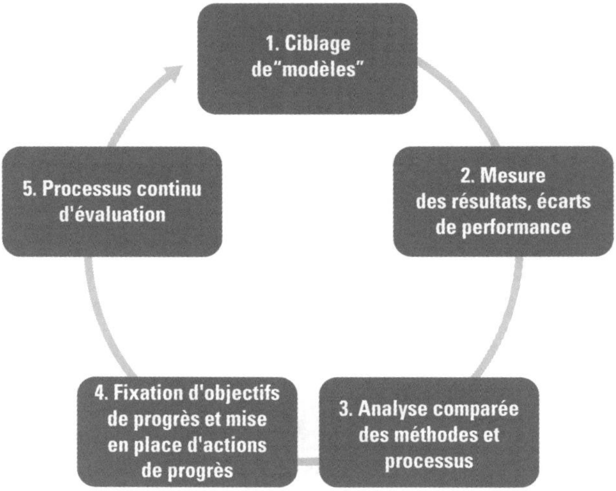

L'évaluation à 360° est aussi un bon moyen de comprendre le ressenti de la hiérarchie, des collègues, des collaborateurs, des clients internes sur leur perception du contrôle de gestion. Leurs retours sont souvent précieux pour trouver des pistes d'amélioration et augmenter la valeur ajoutée perçue du contrôle de gestion.

Enfin, le **réseautage** (cf. fiche 57), que ce soit à l'intérieur ou à l'extérieur de l'entreprise, est également un bon moyen de faire connaître sa fonction, ses réalisations. Il ne faut pas manquer les occasions d'intervenir sur votre expertise au cours de réunions, de séminaires ou de réunions d'associations professionnelles : les outils de présentation, de rédaction de *slides* percutants ou de prise de parole en public (cf. fiches 20, 16 et 30) vous permettent de faire des présentations qui mettent en avant la valeur ajoutée de la fonction.

Conseils

Attention au vocabulaire utilisé :

- Pour apparaître plus **confiant en vous** : parlez au présent plutôt qu'au conditionnel, préférez un « probablement » à un « peut-être »
- Pour **limiter les résistances** : personne n'est contre le « progrès » mais beaucoup sont frileux.

Conclusion

C'était donc un livre pour...

- **Enrichir la boîte à outils** du contrôleur de gestion avec quelques **principes de communication.** Ils devraient aider chacun à être plus à l'aise, mieux avec les autres et à devenir un Business Partner apprécié qui contribue à l'amélioration de la performance de son périmètre et de son entreprise. Développer le savoir-être au-delà du savoir intellectuel et du savoir-faire technique renforce la dimension relationnelle du métier et assoit la valeur ajoutée de la fonction. Apprécié, le contrôleur de gestion devient peu à peu incontournable avant la prise de décision, il est impliqué de plus en plus tôt dans les processus d'évolution… Ce sont autant de signes tangibles de cette valeur ajoutée.
- **Pousser à l'expérimentation**. La communication est en effet comme la pratique d'une langue : si on n'essaie pas, si on ne se lance pas, si on ne pratique pas régulièrement, on risque de l'oublier, de perdre bon nombre de ses acquis, de voir son aisance diminuer, et son agilité disparaître. Aussi, nous vous invitons à tester, à oser, à ré-essayer, à croire en votre potentiel et en vos capacités… Vous pouvez d'abord commencer par des situations sans grand enjeu, puis, avec la pratique et un peu plus de confiance, vous pourrez naturellement affronter également les situations qui auraient pu, auparavant, vous stresser davantage.
- **Faire réagir, bouger les lignes et les pratiques**. Certains doutent parfois car ils craignent de perdre du temps en mettant en œuvre ces outils, alors que les délais sont toujours très serrés en contrôle de gestion, et que parfois, chaque minute compte… Pourtant, beaucoup d'entre eux avouent qu'au fil des mois, leurs reportings se ressemblent, que souvent rien ne bouge et qu'un mois plus tard, la situation n'a pas évolué, voire s'est empirée… On aurait peut-être gagné un temps précieux pour l'entreprise si on avait réussi à faire agir les managers plus tôt… moyennant quelques minutes « perdues » à mettre en œuvre les bons principes de communication, plutôt que de vouloir aller trop vite et rater son objectif…
- **Développer le partage au sein d'un réseau professionnel**. L'entraide bienveillante est un atout certain pour progresser en matière de communication : alors n'hésitez pas à solliciter votre manager, vos collaborateurs, vos

collègues, vos amis, les membres de votre famille… Leur feedback vous sera d'une aide importante et pertinente pour repérer vos points de vigilance. Observez également les autres, identifiez leurs profils dominants, repérez leurs points forts et leurs propres manières de communiquer. Cela vous aidera à comparer vos pratiques et à trouver des sources de progrès. Partagez votre ressenti avec eux pour qu'ils puissent eux aussi profiter de votre feedback : mené avec bienveillance et tact, ils ne peuvent qu'apprécier cet échange précieux. Nous apprécions nous-mêmes de recevoir vos retours d'expériences, vos conseils et vos idées à partager avec notre réseau sur notre blog des financiers : http ://www.leblogdesfinanciers.fr/. Nous vous attendons !

À bientôt,
Caroline, Catherine et Martine

Index

I

J

K

M

N

O

P

Q

R